精神世界3.0

私たちは何を信じ、
何を捨てるべきか

秋山眞人 超能力者・画家
田口ランディ 作家
江原啓之 スピリチュアリスト

河出書房新社

カバーデザイン◉スタジオ・ファム
著者写真撮影◉森幸一
本文イラスト・写真レイアウト◉青木宣人
取材協力◉湯河原　虎屋101

精神世界3・0／目次

序章 アップデートする精神世界へようこそ――この本の使い方

1章 見えない世界を〈見える化〉する
——秋山眞人・江原啓之に見えている世界とは

2章

「霊的世界」のしくみと人生の意味
――死後の世界と死後の人生はある

3章 「自然界」や「精霊」とのつき合い方
――龍・天狗・木霊・妖精…は身近にいる

5章 「憑依現象」はなぜ起こるのか
――見えないけれど一緒に生きている人たちの事情

6章 スピリチュアルから見た「オウム真理教」
――秋山眞人・江原啓之がオウム事件を語る

7章 犀《さい》の角のようにただ独り歩め
——霊性をどう生きるか。能力者の人生観

終章 対談を終えて
――なぜ、この三人がいま精神世界を語ったか？

序章 アップデートする精神世界へようこそ――この本の使い方

あなたは自分の意識を「意識」しているか

まず疑ってみたらどうだろう。

いま見えている風景は本物かどうか。たとえばあなたの親、友達、恋人、先生、上司、同僚、周りの人たちも同じものを見ているのかな。似ているけど違う。自分に見えていること、自分がこうだと信じていることは、意識が照らした事象。あなただけに見えている風景です。

たとえば、パソコンでデータを送ってもどんな機種の端末でそれを見るかでデータの見え方は変わる。それと同じ。それぞれ自分の端末で情報を処理している。

脳にデフォルトで入っている情報処理システム「意識」、その小さな光で人間は暗闇を照らして暮らしている。いわば洞窟の中を照らすペンライトが意識。でも、その意識すら、意識せずに日々暮らしている。

この本は、意識の使い方の指南書です。まず意識を意識する。そこから始める。この世界はアナタの意識が見ている空間。だから「ここはワタシが認識した世界だ」と意識しよう。

さあ、これで意識を意識できた。

いよいよ本題。意識を意識しているアナタは誰ですか？

意識がない時、アナタはいなかった。たとえば深い昏睡《こんすい》状態にある時、熟睡している時、意識がない時アナタは自分を自覚できない。

意識が目覚めて作動する。朝だ、伸びをして、起き上がりカーテンを開ける。無自覚に周囲の情況に対応している状態、こういう自動運転中の時もアナタはどこかに隠れている。

じゃあ、いま意識していることを、意識してみよう。

やっと〈ワタシ〉が目覚めたね。

今、本のページをめくり文字を追っている。

この行為をしていると意識しているのが〈ワタシ〉だ。

次に「意識」という文字に意識をフォーカスしてみよう。

「意識」とは、「意」と「識」の組み合わせ。ふだん意識していなかったことを意識すると、なんだか奇妙なことが起こらないか？

あれ、識ってこんな形だったっけ……。

さっきまで文字を全体としてひとまとまりで認識していた。ところが意識を「識」の字にぐぐっと向けてみると……、ありゃりゃ、なんとなく全体性が失われていく。こんな形の字だったっけ？　とムズムズしてくる。

こういうことは、きっと経験があるよね。

たとえば、いつもはパソコンで書いているメールを手書きで書こうとすると漢字が思いだせず、何度も書いているうちに簡単な字が正しいかどうかわからなくなってしまうようなこと。

斎藤さんの「斎」の字がわからなくなっちゃった、みたいな。

これは**「ゲシュタルト崩壊」**と呼ばれる認知機能の障害だ。意識していなかったことを意識し始めると、わけがわからなくなる。

ただ意識しただけなのに、なんだか不安になってくる。

最近、全然意識しなかった妻の顔。久しぶりに意識してみると、あれれ、こんな顔だっけ？

なんか他人みたい。

今度は自分の手を意識してみよう。じっと見る。爪《つめ》が伸びてるな、こんなところにシミがあったっけ。指を意識して動かしてみる。にぎにぎする。動く。ん？ どうやって動かしているんだろうか。どんな指令が伝わっているのか。なぜ動いているのか。

「動け！」と大声で命令しても、動かない。でも、ほら簡単に動かせる。ほっておいてごらん、そのうち勝手に動きだす。確かに動かしているのは自分。だけど、半分は自動運転みたいな……。この不思議な感覚を味わってみて。

ＯＫ！

これで十分に意識を〝意識〟した。

意識を〝意識〟したら精神世界はぐっと近くなる。

白を意識しない限り、白以外の色は意識できない。この世界の成り立ちはそうなっている。あらゆる存在はお互いに依存し合っている。上という概念があるから下という概念が生まれる。何かが存在したことによってその反対のものも同時に立ち現れる。この宇宙では単独で存在できるものはない。宇宙が存在するためには宇宙の外側が必要だ。内があれば自動的に外が立ち現れる。だから、見えないものを意識するためには、見えているものを意識しなければいけない。見えない世界は、見えている世界がはっきりすればするほど濃く立ち現れるからね。この世界は何かが確固として存在しているのではなく、お互いに補い合って成立している。まずこの相対性を意識しよう。

「私」って何だろう？

20世紀に飛躍的な進歩を遂げた科学は、この世界がどんなしくみでできているのか、構造を明らかにしようとした。顕微鏡や望遠鏡、科学技術の進歩のおかげで、それまでは肉眼で見ることができなかった小さい細胞や、遠い星を認知できるようになったのがきっかけ。

特に物理学者たちが夢中になったのは「物質は何でできているか？」を突きとめることだった。顕微鏡を発達させ物質を細分化していき、そもそも世界が何によって構成されているのか競い合って研究した。

人間の目が見ている世界なんて、ほんとうにちっぽけな世界だった。もっともっと小さな世界があるぞ、じゃあ物質は究極のところ何でできているんだ。

分子、原子、さらに原子の中に原子核を発見した科学者たちは、原子核の構造を知ってぶったまげた。原子核は陽子と中性子が強烈な力で引き合っているエネルギー場だった。そして、原子核に存在する量子は、な、なんと、物質のようでいて物質でなかった。

なんだそりゃ？　って思うかもしれないけれど、そうなのだ。

いまや量子論の基本、物質の最小単位は粒子であり波動であるという「粒子と波動の二重性」「位置と速度の間の不確定性」という新しい世界認識は、ニールス・ボーアという天才物理学者によって「相補性」と名付けられた。

簡単に説明するとこういうこと。

量子は人間が見ている時は粒子だけれど、見ていない時は波動でいる。つまり、粒子は人間の意識の影響を受けてそのふるまいを変える、というのだ。

実験装置がなかった時代、多くの理論は「思考実験」だったけれど、その後にこの理論は科学的に実証された。でも、ボーアのアイデアは当初は全然受け入れられなかった。そりゃそうだ。かのアインシュタインすら絶句した。

「……ってことはなにかい、私が見ていない時にあの月は存在しないのか？」

アインシュタインがそう叫んだというボーアとの議論は有名だ。この議論、実はボーアがアインシュタインを論破している。

ボーアは「サイコキネシス〈念力〉」は理論上可能だと弁証したようなものだ。詳しい説明は省くけれど、20世紀はまさに科学が、19世紀に非科学的だと否定されてきた「オカルト」と表裏一体であることが弁証され、その後、現代に至るまで量子をめぐる壮大な実験が繰り返されているわけ。

興味深いのは、この天才ボーアが晩年、東洋思想の太極論《たいきょくろん》に深く関心を寄せていたこと。なにせ母国デンマークから勲章を授与された時もその紋章として陰陽を表す太極図を選んだくらいだからね。ボーアは量子論と東洋の世界観の類似性を確信していたんだ。

想像してみよう。このからだも、机も、木も、草も、コンクリートも、突き詰めていけばみんな粒子でできている。しかもそれは粒子であり波動なのだぞ、と言われてピンとくるか？

しかし、もはや反論の余地のない科学的事実なので、とりあえずそのことを意識してみよう。

意識すること、そして意識し続けること。これが精神世界の第一歩だ。

太極図

東洋と西洋は二つで一つ

物質であって物質でない……とはどういうことか。

それって、もしかして般若心経《はんにゃしんぎょう》が説くところの「色即是空《しきそくぜくう》」じゃないのか？

かのブッダは2500年前にすでに世界の構造を認知していた、としたら現代人の我々はこの構造を科学で解明したのだから、ブッダと同じ覚者《かくしゃ》。

すごい、人類みんな悟ったも同然じゃないか？

いやいや、我々は全然、悟ってはいないよね。

さっきの〈ゲシュタルト崩壊〉を思いだしてみて。

細部に意識を向けると全体性が失われてバラバラになり、知っているはずの文字が文字として認識できなくなる。

物質を構成しているものが実は粒子だ、なんて細部を意識してしまったら脳が認知している全体性が失われ世界がバラバラになってしまう。


オレと石ころが同じだって？　じゃあ生命って何なんだよ、生きていることと死んでいることに違いはあるのか、同じなのになんでスポンジは柔らかくて、鉄は固いんだよ、おかしいじゃないか！

疑問難問続出だ。

実際に、ミクロの世界とマクロの世界を統合して説明できる理論はまだない！

ここで、人間はものすごい特技を発揮する。

スルー。

これ政治家がいつもやっていることだね。都合の悪いものは見ない。意識から外しちゃうんだ。

光を当てない。

物質の最小単位なんか、物理学者にまかせときゃいいんだ。統合理論？　そんなことを毎日考えてたら生きていけねえ、それよりも現実生活のほうがよっぽど大事だ。明日の仕事のこと、彼女や彼氏との約束、試験、健康のこと。それが最優先。

全体性の喪失は精神の崩壊に繋《つな》がる。

誰だって自分の世界が崩壊するのは恐ろしいから、細部は見ないようにする。

でも、ちょっと待った。

あなたの信じている内的世界が、実はあなたの限界を設定しているかもしれない。

もし、潜在能力を解放し、新しいものの見方を手に入れようと思ったら、古い世界は一度崩壊する必要があるのでは？

20世紀まで、精神世界は古い秩序を崩壊させる新しい世界認識の方法を提案してきた。科学よりもずっと先にね。そこに科学がやっと追いついてきたんだ。

１９６０年代にはヒッピームーブメントが起こり、マリファナや幻覚植物でサイケデリック体験をした若者たちが「ワンネス（世界はひとつ）」という新しい世界認識を提示した。みんなひとつなんだ、だから愛と平和だよ。でも、それは一時的なブームにすぎなかった。

何でかっていうとね、このムーブメントはアメリカ西海岸の若者が東洋に憧れて起こしたんだ。インドや中国の思想をいっぱい取り入れてはいたけれど、結局のところ西洋的な世界認識から抜け切れなかった。

頭でわかっていても、絶対神のいるキリスト教的世界観がベースにある。つまりOS〈オペレーション・システム〉が西洋思想。先進国ではいまだこのOSが世界認識の標準装備になっている。精神世界はずっと「世界」をどうリアルに体験するかという探求の場だった。今でもそうだ。いわば「エンライトメント〈悟り〉」の追究だ。そのために東洋思想と西洋思想の融合が繰り返されてきた。

でもね、20世紀から現在に至るまで、日本人の世界認識の基本OSは西洋的な思想。医療がまさにそうだ。細かく細分化されている。湿疹《しっしん》が出たら薬を塗る。それが他の臓器と関わり合って起きた現象とは見ない。明治維新後に日本の社会のしくみが西洋モデルに組み替えられたのでしかたない。これが精神世界の実情だ。

新しい世界認識に夢中になった「精神世界1・0」

1970年代にイスラエル人の超能力者、ユリ・ゲラーが来日してスプーンを曲げて見せ、子供たちが超能力に夢中になった。それをきっかけにして、またしても西海岸から前世の記憶、幽体離脱体験、自己啓発セミナー、さまざまな精神世界のニューアイテムが輸入されてきた。

80年代にはアカデミズムと精神世界が結びついて「ニューアカデミズム」なんて呼ばれたこともあった。文化人類学者の中沢新一《なかざわしんいち》がチベット密教のグルに弟子入りした体験を書いた『虹の階梯《かいてい》』がブームになり、アカデミズムがスピリチュアルに急接近してきた。

その後も若者を中心に新しい世界認識を手に入れる試みは続いた。スピリチュアルなコミュニティが現実社会を否定する言動は時として「カルト化」し、深刻な社会問題となった。

たとえば1995年のオウム真理教による地下鉄サリン事件。

ヨガの道場として始まったオウム真理教は、昭和の終わりにかけて急速に信者を増やして拡大していった。教団のウリは「出家」と「神秘体験」。

オウム真理教の教祖だった麻原彰晃《あさはらしょうこう》はヨガを通じて3か月でクンダリニー体験をさせると豪語した。クンダリニー体験とは、ヨガによる心身変容の一種だ。詳しい説明は本編でおこなうが、体験者にはクンダリニー症候群と呼ばれる後遺症が残ることがあり、インドでは危険な技法とされ決して指導しない。

強烈な意識変容体験は古い世界観を壊すのに役立つ。教団に入信した信者の多くは神秘体験を経験した。親や社会から刷り込まれた価値観から脱したかに見えたが、神秘体験は一時的なものだ。人間の世界観はそう簡単に変わらないことをオウム事件は教訓として示してくれた。

オウム教団について、ここでは詳しく説明しない。ただ、オウム真理教は日本の精神世界に強烈な一撃を与えた。よって精神世界史のエポックとして押さえておく。

「精神世界2・0」への移行と『マトリックス』

オウム事件によって精神世界を取り巻く環境は一変した。

メディアはオウム真理教の信者たちが「マインド・コントロール」を受けて洗脳されていると繰り返し報道した。教団における彼らの修行の様子を取材し、それを〈洗脳された異常者の集団〉として視聴者に発信した。当時のメディアの過剰なオウムバッシングは、メディアリテラシーを欠いていたとして、後にマスメディアも批判されることになった。

教団は社会から激しい迫害を受け過激化した。多々の犯罪事件を繰り返した揚げ句、1995年に首都圏の地下鉄にサリンを撒《ま》き多くの死傷者を生んだ。このテロ事件は「東京アタック」として全世界に報道された。そして、21世紀に入った2018年、教祖と信徒の13名が死刑となった。13名もの大量処刑がおこなわれたのは戦後初めてのことだ。

オウム事件から後、精神世界やオカルトは「オウム的なもの」として社会から排除された。超能力や霊能力を持つ者も教団と同類のように見なされた。神秘体験や超常現象に興味を持つことは「怪しい」「危険」とされた。宗教的なものは洗脳の道具として疑われるようになった。

精神世界の探求はごく一部の変人の趣味のように囲い込まれた。普通の成人があまり声高《こわだか》に語るべきものではなくなり、世界認識への疑問は主に若者たちのゲーム、アニメ、漫画、映画のテーマとして扱われ、現実社会と切り離された。

1999年9月11日に日本で公開された映画『マトリックス』（実にいわくありげな日に公開されている）。今も続編が制作され続けている絶大な人気作品だ。主人公は天才ハッカーのネオ。仮想現実の中で生きる人類の姿に全世界が衝撃を受けた。巨大なコンピュータが制御している仮想現実の世界は決して完璧ではなく、創造と破壊を繰り返さなければ維持できない。人工知能が、よりリアルな仮想現実をつくるために学習しているのは、まさに東洋思想ではないか！

「マトリックス」を観終わって、「これって、なんだか現実の話みたいだよなあ。もしかしてオレも仮想現実に生きてるんじゃないかな」と感じる人は多い。この映画の魅力は観る側の世界認識を揺るがすところ。でも、疑問を抱き続けるともやもやするので、映画を見終わったら忘れる。

そう、スルーする。

生きる上で不都合な真実は映画の世界だけに閉じ込めておきたい。

だって、そうしないとこの現実を生きづらいから。

『新世紀エヴァンゲリオン』『進撃の巨人』『鬼滅《きめつ》の刃《やいば》』などなど、ヒットアニメはどれも世界観や世界認識を揺るがす作品。人間あらざる者が存在し、見えない敵との闘いの中で主人公たちは叫ぶ。「どうしてこんな世界なんだ！」と。

若者は矛盾した現実の中で苦悩し、傷つき、見えない敵と闘う。だがさっぱり出口が見えない。何と闘っているのかもよくわからない。ヒッピーやニューエイジ世代のように「自分さえ目覚めれば世界は変わる」という楽観に、今の主人公たちは立たない。新世代は前の世代がちっとも世界を救っていないことを知っている。

地球環境を破壊し続けてきた上の世代の言うことなど、聞く気にもならないだろう。むしろこの荒廃した地球でどう生き延びるか、シビアに模索している。

この本のタイトル『精神世界３・０』は、オウム事件前、オウム事件後、そして今を俯瞰《ふかん》しつつ「アフターコロナ」の指針となる世界観を提示するためにつけた。

霊界や異次元、超能力はアニメの世界の絵空事《えそらごと》ではない。この現実社会を生きるための智恵を内包している。よって今こそ世界認識のアップデートを提案する。

「精神世界3・0」をインストールするためには、強固なビリーフシステム（信念体系）を取り除く必要がある。

アナタは何を受け入れられて、何が受け入れられないか。見きわめよう。そして古いソフトは捨てよう。

霊的ヴィジョンから見た過去・現在・未来

本書は、精神世界の重鎮《じゅうちん》とも言える秋山眞人《あきやままこと》と江原啓之《えはらひろゆき》の両氏の協力を得て実現した精神世界を現実と結びつけて生きるための指南書だ。

ふたりはヒッピーでも、ニューエイジでも、ニューアカデミズムでもない。学者でも、評論家でもない。

能力者だ。

真に体験している者、別の世界を知っている者。

彼らにとって精神世界は「現実」そのものだ。

ふたつの世紀をまたいで活躍し続けてきたこのふたりの対談が実現し、協力して1冊の本を編んだ。これは画期的な出来事である。自らの能力をマスメディアに公開してなお、社会的信用を得て生き残る能力者は少ない。特に秋山眞人は超能力者として数々の科学実験や、警察の犯罪捜査にも協力している。

秋山眞人は、アメリカの超能力者であるユリ・ゲラーの来日をきっかけにブームになった「スプーン曲げ超能力少年」のひとりである。物質を動かすサイコキネシス以外にも、霊視や透視など幅広い能力を持っている。

多くの能力者がプレッシャーやメディアの迫害、他者の無理解の中で傷つき病んでいったことを思うと、秋山の精神力の強さ、そして自身の能力を見きわめていこうとする探求心は類を見ない。近年は、大正大学大学院で宗教学を研究し、霊能力者の歴史に関する論文を発表。１９８０年代から１００冊を超える本を出版している。

江原啓之は、日本を代表する霊能力者だ。テレビにも多数出演しその能力は多くの視聴者が知るところである。英国でスピリチュアリズムを学び、実践的なスピリチュアリズムの理論と世界認識の概念を伝えている。ミディアム（霊媒）としての天性の能力を社会の役に立てていくことは決して容易ではない。能力が高過ぎるミディアムが他者の思念を受けて不幸になることは多々ある。江原はそのような霊媒体質の人たちに自己を確立するための生き方を教え、自身が生活者として人生を楽しみ、その行為を通して新しい能力者の在り方を示している。また、神官として日本の神道にも通じ、日本的神の概念をアップデートし続けている。

そのふたりが自身の体験を語り合い、次世代のための新しい霊的ヴィジョンを共有した。本書では、ふたりの能力者の対話を通して、彼らの世界観を伝えていく。

ふたりの思いはひとつだ。

次の世代のために体験を役立てたい。

本対談をまとめたのは、ふたりの共通の友人である田口ランディ、私だ。私は作家であって能力者ではない。今回は読者と能力者のミディアム（媒介）として、彼らが見ている摩訶《まか》不思議な現実と風景、そして豊富な体験と知識を、できる限りわかりやすく読者に伝えていくことを誓う。

疑問は疑問として、読者のかわりに投げかける。

さあ、ではいよいよ「精神世界３・０」をインストールしよう。

アップデートの準備をしてください。

1章

見えない世界を〈見える化〉する

――秋山眞人・江原啓之に見えている世界とは

優しい能力者たち

では、さっそく精神世界の扉を開いていこう。

ナビゲーターは日本の精神世界の双璧《そうへき》、秋山眞人と江原啓之。テレビでもおなじみのお二人だ。秋山はスプーン曲げ少年として登場したサイキック（超能力者）。江原啓之はミディアム（霊媒）である。

もうこの時点で（怪しい……）と腰が引けている読者もいるかもしれない。

お気持ちは理解できるが、決して怪しい話ではないのでもう少し読み進めてほしい。

かくいう私も最初に秋山と出会った時はこう思った。

（ほんとうに超能力者なのかい？　だったら実証して見せてよ）

もちろん、口に出しては言わなかったが、心は（超能力、ほんとにあるの？　見たい、見たい、見たい……）。そして秋山がごく普通の、いやむしろ良識のある男性だとわかると（やっぱり、嘘をついているんじゃないか）と疑った。

秋山との親交はすでに30年近くになる。

彼は実にシャイで優しい人だ。なにより発想が自由。友人として楽しい人。彼の人となりに触れていくうちに私は思った。

超能力があるかどうかよくわからない、でも、この人と一緒にいるとほっとする。

霊媒の能力もある秋山は人の心がよくわかる。霊媒は基本的に優しい。他者の思いに寄り添い共鳴していく。たとえ嫌だなと思っても、その場では長いものに巻かれていくタイプ。ようするに、一般人で我の強い私は自分に寄り添ってくれる秋山とつき合いやすかったのだ。霊媒はつい悩みの聞き役になりがちで、しかも、透視ができるので事情をよく察知してくれる。見えざる者の声を聞き、投げ返してくる秋山のアドバイスは、刺激的だった。

他者のよき理解者である霊媒なのに、他者から翻弄《ほんろう》もされやすい。相手と自分の境界が曖昧《あいまい》なため、内面に踏み込んでくる他者を防御しきれない。なので秋山は他者からの侵入をガードするために髭《ひげ》を生やしていた。わざと強面《こわもて》に見せておきたいのだ。

秋山の能力は実に多岐にわたる。珍しい能力者だ。たとえば秋山はUFOを呼ぶ。

日本においてUFOを呼ぶ人間は「バラエティー」の領域で「芸人」のように扱われる。実際、秋山はそういう役回りを引き受けてきた。感受性の強い秋山はテレビに出て多くの人間の目に曝《さら》されると落ち込むことが多い。それでも秋山はテレビ番組の依頼を受けては何度もUFOを呼んだ。カメラがUFOをキャッチすれば話題になる。が、失敗すれば「やっぱりね」と嘲笑《ちょうしょう》される。

どちらにしても「だからそれがどうしたの?」という問いが追いかけてくる。

「トリックなんじゃないの？」と、視聴者は思う。

「そもそも、ＵＦＯを呼んでどうしたいわけ？」

超能力者に、常についていて回るこの問い。


「念力でスプーンを曲げたとして、それがなんの役に立つの？」


人はすぐこう考える。「それは有用なのか否か」と。

秋山は、いつも淋しそうな微笑みを浮かべている。彼はこの現世的な価値観と長らく闘ってきた。それが有用でなければ価値がないという社会通念が、常に超能力者に向けられる。だが、ほんとうにそうだろうか？

秋山は言う。


「これは小さい出来事だが、大きな超越である」

霊と対話し、英国で学んだ江原啓之

江原啓之は、亡くなった人の魂と会話をすることができる。

霊の存在がありありと見えている江原の口調はふだん通りだ。うんうんと頷《うなず》きながら話を聞き死者の思いを伝える。その様子があまりに普通過ぎて拍子抜けする。心霊番組のおどろおどろしさがまるでない。

江原以前の霊媒たちは、霊と会話するのに儀式や道具を必要とする者が多かった。白装束《しろしょうぞく》、ろうそく、数珠《じゅず》、BGM。霊界から霊を呼びだすための演出が施されていた。

江原はマスコミが演出した「霊媒」や「霊」のイメージをことごとく打ち破った。

「だって、あんな怖い演出、気持ち悪いじゃないですか。だから、私は一切、ああいう演出はやめてくださいって言ったんです」

霊とは特別な存在ではない。江原にとって「生きている状態」も「死んでいる状態」もたいした違いはないようだ。霊と対話し続けてきた体験に基づく確固とした死生観が彼にはある。

魂、神、霊界……スピリチュアルな用語はそれぞれの能力者が定義の曖昧なままにつかっていることがほとんどだ。英国でスピリチュアリズムを学んできた江原は、これらの用語の正確な定義を持っている。

「まず、体験がありました。自分の体験が何なのか知りたくて探求していった。そして、スピリチュアリズムの考え方を体験に当てはめていったんです。私が体験したことが、スピリチュアリズムで説明するとぴたっと当てはまるんです」

一緒にいると江原の気配りは半端《はんぱ》ない。お店にいても常に周囲の情況をサーチしている。誰かが不愉快にならないようにまんべんなく声をかけ、店員のサポートまでしようとする。疲れないか？　と思うが、無理をしてやっているわけではなく「わかってしまう」から、つい動いてしまう……のだ。

パラボラアンテナ並みの受信力を持っている江原は、社会事情にも敏感だ。次に何が起きるのかもいち早く察知できる。

江原啓之の知名度を一気に上げたのが『オーラの泉』というテレビ番組。この番組で江原は著名人のオーラを霊視し、霊的なサポートを試みた。その霊視の的確さにゲストたちは驚き、時には涙した。

もし、死者の霊が存在するなら死んだ後も人間の意識はこの空間に漂《ただよ》っていることになる。死者の霊はどこにいて、どのように呼びだされて江原の前に現れるのか。そして、江原はその情報をどうやってキャッチしているのか。

秋山も江原も、常人では見ることのできない世界を見ている。UFOも霊も彼らにとっては日常だ。私たちには見ることができない能力者の世界、それをふたりの言葉によって「見える化」してみよう。

もしかしたら、私たちにも見えているのかもしれない。スルーしているだけで。

【対話1】とにかく、それは起きる。起きてから考えるしかない。

江原　秋山さんのご出身は静岡県ですか？

秋山　そうですね、住んだのは静岡市が一番長い。今、実家は静岡の藤枝《ふじえだ》に引っ越してしまいましたが、ずっと静岡ですね。藤枝に引っ越したのは僕が13歳の時で、その時にはじめてＵＦＯを見たんですよ。当時、新聞記事になるぐらい藤枝はＵＦＯの出現地だったんです。

江原　へえ、それで超能力が……？

秋山　ＵＦＯをものすごく間近で見て、光を浴びたのがきっかけです。その後、同じ年にユリ・ゲラーが来日して大ブームになって、自分でもスプーンが曲がるんじゃないかと思い、やってみたら簡単に曲がってしまって……。友達に見せているうちに話題になりテレビの取材が来たという展開です。

田口　秋山さんは実家が藤枝にお引っ越しをして転校生になるんです。慣れないクラスで孤立してしまった秋山少年は、淋しさを紛らわすためにテレビで見たＵＦＯを呼ぶんです。毎晩、庭でひとりＵＦＯを呼んでいたら、ある日、ほんとうにＵＦＯが来ちゃうんですよ。オレンジ色に輝く円形の物体が強烈な光を放射していたそうです。その光を浴びた翌日から、秋山さんの超能力人生が始まったんです。

秋山　そうなんですよね〜。翌日から、ドアのノブをガチャガチャってすると取れてしまったりとか、水道の流しのところに手をかけると亀裂《きれつ》が入ってしまうとか……とにかく物が不安定になって壊れるんですよね。

江原　ええっ？　なにに亀裂が入るの？

秋山　ステンレス。触っていると、いつも手をかけているところがザラザラしてきてそこが亀裂になってしまう。あと歯ブラシがよく折れたなあ。親は、僕がすごいストレスを抱えて、乱暴者になったと思っていたわけ。電化製品は壊れるし、でもラジカセなんかが電池が入っていなくても動くときもあった。同じ頃にスプーン曲げ少年で登場した清田《きよた》（益章《ますあき》）(1)さんなんかは、散らかったオモチャが勝手にオモチャ箱に飛び込んで念力で片づけられると言ってたからねえ。

◆子供は霊能を理解できず苦しむ

田口　その頃からオーラも見えるようになったそうです。学校の朝礼で立っている生徒が、全部オーラとして見えてまぶしくてたまらないと……。

秋山　そうそう、くらくらして、すぐ貧血を起こして倒れそうになる。

江原　わかります。私は目がおかしくなっちゃったのかと思って心配したもの。小学生の頃、教室に座っていると黒板の字が前の子たちのオーラで見えないのね。もう子供だから元気でしょ、まぶしくてまぶしくて……。特に休み時間を終えて校庭から戻って来た子供たちのオーラが光り輝いてすごいのね。授業が始まっても教室が光っていて黒板が見えない。

「先生、まぶしくて見えません」と言って手を挙げると、先生は光の反射だと思ったらしく「じゃあカーテンを閉めてください」と言ってくれたんだけど、カーテン閉めたら余計にキラキラして見えなくなっちゃった。

それで「まだまぶしくて見えません」って言ったら「しかたないわね、保健室に行って」と……。いやもう、とにかく目がチカチカして大変。それが人間のオーラだなんて子供にはわからないからね。最初はみんなが見えているんだと思っていました。

子供時代の江原啓之。オーラが見えるのは病気のせいだと思っていた

秋山　同じですよ。ホントに頭がヘンになったと思った。おふくろはすごく心配して病院に連れて行ったり、最後は霊能者のところへ行ったり（笑）。それでもよくわからなくて、最後に宗教団

体に行くと「それは霊の世界だから」と宗教団体からも嫌われたりするし。いやー、ほんとうにいろいろなことがあった。

田口　江原さんは、子供の頃から霊が見えたとお聞きしましたが、そのことは隠していたのですか？

江原　言わない。見えるけれど言わない。信じてるけれど言わない。15歳の時に母も亡くなってひとりになり、一気にアレルギーが……。日々ひとりで暮らしていて、とんでもない状況になって。それから物が動くとか、いろいろなことがあった。

うちの母が死ぬ時に「18まではお前はなんとかなるけれど、そこから先はほんとうに苦労するから、とにもかくにも人だけは大事にしなさい。そうすればなんとか救われるから」って、それが最期の言葉。ほんとうに18から転落したの。どんどん、どんどん、どうなっちゃうのかっていうことになった。僕は車の免許を持っていないんです。ちょっと道を行くといろんなものが見えちゃう。現実との境がわからなかった。

田口　生きている人なのか、死んでいる人なのか、わからないのね？

江原　だから、「アレ？」とかなんて言うと、（道端に手向《たむ》けられた）花があるとか。

田口　そういえば一緒に移動している時もありましたね、「アーッ、男の人が走っている」とか。火事で殺しがあったところの場所で。

江原　それでもけっこう能力を閉じているほうでコントロールがきくようになっていて。だけど、コントロールがきかない時なんかのべつまくなしでしょ。霊能に苦しみながら最後に出会ったのが、寺坂多枝子《てらさかたえこ》先生(2)。私の師匠です。寺坂先生が、「あなたは病気でもなんでもないし、何かが憑《つ》いているのではなくて持って生まれたものだからしょうがないよ」と普通の口調でおっしゃってね。その時になぜ寺坂先生を信じたかというと、それまで20人くらいの霊能者と会って話を聞いてもらっていた。するとたいがい「家系は？　父は？」「死んでます」って。「では、ご両親は成仏していないから供養しないといけません」って。「そんなのさっき言ったことじゃないの」みたいな。

田口　寺坂先生は、落ち着いていらしたんですね。そういう方に会うとほんとうにほっとしますよね。

江原　そうなんです。でも、いろんな霊能者がいました。女の霊媒みたいな人は、ウキャウキャって、膝《ひざ》つきながら前のめりで「お前に合うの（仕事）はコックだ」とか言う。それでいて3万円とか。元神主だったという人は私を見て「何か感じるんだ。へぇ～。どう何か感じる？　僕のこと」って。いや、あなたのことを見に来たわけじゃないから……。

秋山　霊能者は、霊能のある人に関しては敏感なんです。敏感というか冷たい。嫉妬《しっと》する。また は敵対的に立ち居ふるまう。**霊能者って、悲しいかな、一番の問題は、悪いところから見える。**

同じ霊能者の悪いところが一番よく見えるわけ。隣の八百屋の、同業者のきゅうりのしなびたところが一番よくわかるみたいな。最近、特にそうですが、セミ霊能者みたいな人たちがいっぱい来ると、一番悩むよね。

◆師・寺坂多枝子の導き

江原　この世界、本当にインチキくさいという人が多かったりするんです。だから、最後、寺坂先生に会えてよかったんです。（東京の）巣鴨《すがも》のなんてことのない所、民家の階段を上っていくと、おばさんが座っていて、お菓子とお茶を出してくれて、「あなたは大丈夫よ」と言いながら「ちょっと今、おかあさん出そうね」って。出すって何？　こんな所でおばさんに手を握られてどうしよう？　みたいな。そうしていたら「あのおじさん、本当にかわいそう。大変だったね」と言いだす。えっ、この人、知らないことをなんで言っているんだろう？って。

その数日前に、親戚のおじさんがお風呂の中で死んじゃったんです。母の伯父。「おじさん、かわいそうな死に方だったね、苦労したのに」とか言うわけ。そしたら今度は「ちょっと待ってね。お父さんに替わるから」。ビリー・ミリガン(3)ばりに変わる。「お前、大きくなったなあ」と言って父が出てくる。「悪かった」って言われても……。この人は本物だって思った。

寺坂先生は、「私が言ったことをすぐ信じることもないでしょうから、あなたはこういった人たちが導いているよって言っても、そういうのを信じないだろうから、別の所へ行きなさい」と言われて、「どこへ行けば？」と聞いたら、「竹内満朋《たけうちまんぽう》さんの所で一緒に勉強してる人がいるから」って。それがでもどう見てもインチキくさい渡辺政治《わたなべまさはる》という人なんです。

秋山　いた、いた。東京心霊相談所の。

江原　行ってみると、すごく質素な暮らしなんです。霊媒の女性と一緒にやっていた。懐かしい。

秋山　いてね。太鼓《たいこ》をたたいて、上からドーンと出てきて。最後は、ブッ、パッ、ブッ、パッってやっているわけ（笑）。「あなたねぇ」と東北弁なんです。「あなた、シーリング（ヒーリング）能力が強いから」「38になった時、ものすごく忙しいよ、大変だよ」って。全部その通りになっているわけ。過去の事も言われたんだけど、全部、的確なの。

秋山　竹内満朋さんなんていうのは、戦前の三大物理霊媒(4)のひとりです。三鷹に住んでいて、この人はいい大学を出ていて、会計士をやっておられたと思う。インテリで、超能力があって、某思想界の、オカルトに批判的な大物がこっそり来た時に、満朋さんは濡れ縁に座ってぼんやりしながら「何か見たいんですか？」と。「あなたは、いろいろ不思議な現象を起こすとか。そんなことできるんですか？」と聞かれた瞬間に、「それってこういうことですか」と濡れ縁のコンクリートに半分ぐらい手を入れて見せたという。相手はそれ以降、絶対に霊能者だけは叩かなかった。

◆相手の感情が飛び込んでくる

江原　私は、秋山さんと違って、霊媒なのですべてが感応。たくさんの人と関わると、この私が「ああ、死ぬのは怖い」と思ったりする。あり得ないでしょ、いつもあの世のことをしゃべっているのに（笑）。だけどそうなの。死ぬの怖い～ってなって、わなわなとなっちゃう。ある程度時間が経つと、「あっ、いま死ぬのを怖がっている人がここにいるんだ」と気づく。そうすると、しばらくしてご病気で亡くなる人がいたりしてね。ああ、あの方が怖い思いをしていらしたんだ、お辛《つら》かったろうに思う。

秋山　それ、本当によくわかる。まず感情が先に入ってきて、理由がよくわからない。どよんと重い感じとか、ねばっこい感じとか、感情だけがズボッと来る。あれは怖いね。結果が先に来て、原因が後でわかるというパターンの時空間ギャップ認知。これが難しいところですね。ズレを普通の人の感覚に合わせなきゃならないから。

江原　だからね、（私の）そばにいる人は大変だと思う。感情の起伏がすごいから。七変化どころではない、百変化。昨日は面白いモードに入っていても、今日は落ち込んでいたり（「ね、そうだよね」とお付《つき》の人に相づちを求める江原）。

秋山　ここはどうしても理解してほしいところ。僕らはいきなり結果がわかっちゃう。たとえば、

横にいる人が「今から起業しようと思うんですけど」と言ったとたん、「今はダメ」って言っちゃう。結果がわかるから。でも、その理由が説明できない。だから相手は、僕がエキセントリックに反対しているのだと思ってしまう。あの感覚は苦しいなあ。僕たちには結論が先に来るので、手前が説明できない。不思議な感覚だよね。

田口　江原さんは死ぬことは怖くないのですか？

江原　怖くない。でも、さっき言ったように別の霊が入ってくれば怖くなる。スタッフに「私、もう死ぬんです。お別れです」とか「さようなら」とか、やたら一日中言ってたりする。周りは「やってられないよ」ですよね（笑）。そういう時はやはり近くに死にそうな方がいるんです。スピリチュアリズムを教えるうちのサイトがあるんですが、そのサイトの学舎生の中に、具合の悪い方がいらっしゃると、それを受けていたりします。余命宣告受けたから入るような方もいらっしゃいますしね。その思いは、来ます。

田口　他者の想念を遮断《しゃだん》できますか？

江原　ものすごく冷淡《れいたん》な人間にならないと無理ですよ。苦しんでいる人がそばにいて、「先生、わたしもう死ぬんです」と書き込まれたらどうしてもガクってなるもの。そういうことがあると、私は必ず返信します。たったの一言だって心強いでしょ？「今日やりたいことをやりなさい」「死ぬことを考えない。今日は生きているから、生きていることを考えなさい」とか。「悔やまないで生きるようにしなさい」って心配する。ほら、心配って心を配るって書くでしょう。いくら死後の世界があっても、死ぬ時はみんな勇気が要りますよ。悔やまないという人はいないと思うから。でも、そうやってどんどん同じ思いの人を引き寄せてしまうこともあります。

◆結果は行動する前にわかる

秋山　僕らの感覚って特殊だから、若い頃は誰に相談していいかわからなかった。僕は江原さんと違って師匠と呼ぶような人もいなかったし。しょうがないんで神田《かんだ》(の古書店)に行って戦前の霊能者の書いた本を読みまくったら、超常現象や能力のコントロールの仕方が書いてあって助かりました。で、書かれてある通りにひたすら修業したため、けっこうピシャッとコントロールできた。念力系と霊能系、そのバランスをうまくとると両方を維持できるとわかったのが良かったです。

田口　念力と霊能は別個の能力だと思っていました。でも、秋山さんは全部扱えますよね。念視、霊能、サイコキネシス、先祖が見える、宇宙人を呼ぶ、どれもベースは同じ、なのですか?

秋山　それはですね、その人の価値観の問題なんです。感受したものを、どれで表現したいかということなんです。だから、とても芸術的な話なんですよ。霊能という絵筆があって、絵の具があって、それをどこに流し込むか。僕の知り合いで超能力者だけど「日本では生活できない」と言って、去年、海外に行ってデザイナーになった人がいる。でも霊能が強くて運がいいので、すぐに成功するんです。

江原　そうなんですよね、感じたものをどう表現するか。そこがポイントなんですよね。だから、世界救世教の教祖の岡田茂吉《おかだもきち》(5)は芸術家、思想家の岡倉天心《おかくらてんしん》も美術運動家でしょ。清田益章さんもロックバンドをやるし、私も声楽をやっています。なんか一緒なんですよね。表現するものは。

秋山　ですね。そしてやると決めたら一直線、最短のコースを選ぶタイプが多いですかね。霊能のある人は結果がなんとなく見えていて、レイヤーで言うと手前に来ている。普通の人は結果が奥にあって見えないから、あーだこーだするわけじゃないですか？　確かに僕が会った中でも、ロシアでスーパーヒーラーだったジュナ・ダビダシュビリという女性は、シャンソン歌手でもありましたし、アメリカの霊能力の巨人、アレックス・タナウスは作曲でゴールデンディスクを受賞しています。フランスの若手能力者でUFOコンタクティーでもあるジュリアン・シャムルワは言語学で博士号を持ち、会社を経営しています。

常識とか、社会通念とか、そういうものが手前にあって結論はその後ろ。それじゃあなかなか結果にたどりつけない。霊能的な、たとえば事業家にしてもそうなんだけど、**みんな最初に結論ありき。あとはどうやってそれを実現するか、みたいな発想なんです**。だから破天荒《はてんこう》。ちょっと悪いことも躊躇《ちゆうちよ》しない。悪く言えば犯罪者と紙一重とも言えるんだけど……。

田口　結果がわかっちゃってる同士は話が早いですね。

秋山　僕は、あの話も好きで、ロシアにゲオルギイ・グルジェフ(6)という霊能者がいるんですけれど、彼は世界を旅して歩いて、中東にある特殊な秘密結社に入門するんです。そこへ行くまでが大変なんだけど、そのお金を稼ぐのに、スズメに色を塗ってカナリアと偽ってお金をつくって行くんです。それは悪いことかもしれないけれど、ただもう結論にまっしぐらみたいな生き様って自由で、なんか微笑ましく感じてしまうんですよね。僕自身も24歳で公務員を辞めて、東京へ出て、バブルだったからよかったという面もあるのですが、いろいろな商社を渡り歩いて7年間、ビジネスの現場にいたから。ビジネスの世界も面白いです。

江原　そうは言っても、秋山さんぐらいになってしまうと、どこへ行っても「超能力者」と言われるでしょ？

秋山　いやあ、「職業能力者としての自分」って感覚は意外と曖昧なんです。いまだに超能力で生きようとは思っていなくて、いつか引退して花でもつくろうとか思っているんですけれどね。年齢的に植物を相手にするほうがラクになってきたから。けっこう人間社会の栄枯盛衰《えいこせいすい》を見過ぎて厭世《えんせい》的になったかも。だってさ～、あれだけ盛り上がって持ち上げといて、なんだよ、この下ろし方は！　みたいなところあるでしょ。コロッと手のひらを返したような世論になるじゃないですか。超能力者ってだけで叩かれる経験もしてきましたからね。

田口　秋山さんの場合、有名になったのが思春期だったから、マスコミの批判にはかなり傷つきましたよね。

江原　マスコミに出た当時は、何歳？

秋山　13歳。ユリ・ゲラーに会うと、いまだに言われる。（手のひらで背丈を示して）「お前、こんな子供だったもんなあ」と。

江原　マスコミから突き落とされる経験は一緒ですよ。私は38歳からボ〜ンと落とされて……（笑）。必死になって今でもここにいるという感じですよ。

田口　（超能力）業界でまともに生き続けている人は、秋山さんオンリーじゃないかな。

秋山　能力者としては、ゆるくやってきたからいいのかもしれない。

江原　いえいえ、そんなことはない。私は秋山さんをすごく尊敬しています。こうやって、まっとうなと言ってはヘンだけど、まっとうに生きていらっしゃる。大変な努力をなさってきたんだと思います。

秋山　まっとうと思われている社会のほうが、よっぽど怪しいなと思いますけどね。こっち側から見るとね。霊能者って、基本的に素直だと思う。

江原　秋山さんも人が見えるからね。〈見えていること〉がまっとうに生きるポイントかなって思います。持ち上げられたら、落とされる。人ってそんなもの。「おお、やっぱりそう出たね？　わかっていたけどね」って思える人が生きていける気がするなあ。信じていたのに裏切られた……とは思わない。人はそういうもの。**出会いは一期一会《いちごいちえ》として楽しむ。それでも傷つきますけど、人の振りを見て自分を知る、ってことかな。**

秋山 そうですね。日本って、ヒト信仰でもないし、個の神様信仰でもないし、空間信仰なんです。みんなで共有している空間を信仰するんです。たとえば、この空間だって、一期一会。これを楽しむっきゃない。逆に言うと、この共有空間を常に面白いと思っている人でないと生き残っていけない。それは思ったね。あえて言えば、日本人にとって空間が神なのかとも思う。

◆霊にも寿命がある

田口 最近聞いた話なのですが、東海道新幹線に乗って、関ヶ原《せきがはら》の合戦のあったあの辺りって、冬はいつも吹雪いているじゃないですか。霊能のある人が関ヶ原を通ると、やっぱりちょっと具合が悪くなるとか、何かを感じるみたいな現象が続いていたそうなんですが、なんと数年前からパタッとそれがなくなったんですって。関ヶ原の戦いから400年。400年というのが霊の寿命なんじゃないかっていう説が出ているんです。どう思いますか？

江原 基本的に、怨念は400年も続かないと思う。

秋山 400年も続いたら、立派なものだよね。人間の怨念って、100年単位ですよ。

田口　人間の怨念はせいぜいもって100年ですか？
秋山　100年もないとは思うな〜。よっぽどメッセージ性がないとね。
田口　怨念は波動ですか？
秋山　感情は強い波動とも言える。霊的電磁場みたいなもんかな。人間の感情はそれを放出した場所にこびりついて滞留します。
江原　そういえば、100年を超えてもまだ浄化できない武士の霊に会ったことはありますよ。鎌倉にポルターガイストが起きる家があるんです。「うるさくて物音が大変で」と相談があってね。紫陽花寺《あじさいでら》の近くでした。伺ってみてね、いや〜さすが武士だなと感心したんですよ。あのね、霊がなぜそこに成仏できずにいるかって、その理由が恨みつらみではないの。恥なんだって。追い込まれてそこの辺りで自害しているんだけど、もうお家《いえ》には帰れない、恥ずかし……って。
秋山　恥という哲学が武士道の根幹なんです。だから、腹切りってあるじゃないですか。あれは、勝ち負けを賭けて戦うじゃない？　それで勝ったほうが官軍だと。勝ったほうが正しいんだと。でも、僕たちも、負けたほうも曲げるつもりはない。勝ったほうが善で、負けたほうが悪になるから、恥だから腹を切るんだという概念。だから武士道は常に恥の科学なんです。
江原　本当にそうなんですよ。だから私は難しくてお祓いはできなかった。恥ずかしいとおっしゃっている方を浄霊するとか、改心させるとかできなくて、正直に申し上げたんです。この家に迷惑かかっているんですよ、と。あなた方が現れることで困っておられます。もう時代も違うしね……と。そうすると武士の霊は最後に何と言ったか？「迷惑はかけれない」。で、別の所へ行かれたらしいの。この家にはもう迷惑はかけない。人に迷惑をかけるのも嫌なんでしょうねえ。武士だから。

秋山 深いなあ～。生き様と哲学の時代性の話って。

田口 武士の哲学が貫かれている分、思念も強固になっているんでしょうか。強い思想体系を持つのも考えものですね。

江原 あそこの家の霊、いまだにどこかにいると思います。あの世にも行けず恥を忍んでいるんでしょうか。かわいそうに……。あの当時はまだ私に説得をする力がなかったんです。若かったものだから、人間として未熟で……。

◆最後は人間性だ

田口 霊に対しての説得は、人間としての説得なんですね？

江原 もちろん、そうです。

田口 相手が霊であろうが、何であろうが。

江原 やはりこちらの人間性が問われます。ベテラン刑事が容疑者を説得するのと同じ。「まあ、とりあえず食え」みたいな……。あんな感じです。

田口　そうかあ……霊能力じゃないんだ、最後は人間力なんだ。

江原　そうです。日本心霊科学協会(7)の大西《おおにし》(弘泰《ひろやす》)先生という審神者《さにわ》がいらしたのですが、どんな霊に対しても、刑事みたい。「まあ、あんたの気持ちもわかる」という会話をされるの。私は、何回か先生の実験会の霊媒をさせていただいたのですが、未浄化の霊が降りて来られると、先生がそりゃあ懇々《こんこん》と諭《さと》されるんです。大西先生が人間として素晴らしいのは自分自身に負い目がないの。映画になった『エクソシスト』みたいなもので、自分に弱みがあると霊はそこを突いてくるんです。映画の中でも悪魔が神父のお母さんになって「助けて」とか、弱みにつけ込む。大西先生は毅然《きぜん》として「私がウソだと思うなら、私のすべてを見なさい」と相手に言うんですよ。「私を見ろ。私にウソも隠しもない」って。

田口　霊になったら、人間の心の裏って見えるんですか？

江原　見えます。こいつ、ウソついているってわかる。

田口　どうして霊になると人間がよく見えるようになるんですか？

江原　そりゃあ、生きている時と違って思いで繋《つな》がっているのでわかります。

田口　なるほど、霊から見るとこちらも霊的波動発生体なんですね。

秋山　罪って、包み隠すが語源だという説がある。この世には、悪いとわかっていながら、包み隠さなくてはいけないこともある。それを自分でいつ許すか、いつ神々に許してもらうか、いつ先祖に受け入れてもらうか。そういうことなんですよね。

江原　そうそう。お互いに魂を磨いていく。

◆心霊捜査の真実

江原　能力というのは、その人のホルモンとよく似ていて、活発になる時とそうでない時とがあるんです。早いところで終わってしまう人もいれば、継続するうちにどんどん上がっていく人もいる。ピアニストやバイオリニストでも最初は神童と言われて、そのあと、急に冴《さ》えなくなっちゃったね、みたいな方がいるでしょう？

持ち上げられて、慌《あわ》てふためいて、何か身につけないといけないとか、演出しなければいけないと焦《あせ》って、それで才能潰れちゃったね、っていうドラマは霊能の世界でもよくあります。私はね、（霊能力が）何もないという人はいない、必ず何かしらあると思っているの。ただ、それをうまく発揮できないし、出したところで周りも受け止められない。人って平気で「透視できるならさっさと犯人捕まえてこいよ」なんて言ったりするでしょう。いくら霊能があろうと、危険は怖いですよ。たとえばご遺体を霊視で見つけたとしましょう。まず自分が取り調べを受けますよ「お前が殺したんだろう」って。

秋山　おっしゃる通りで、実は僕たちの先輩の中岡俊哉《なかおかとしや》(8)さんの時代に、Aさんという女性の霊能者がいたんです。彼女がテレビで犯罪捜査をやって、警察よりも先回りしちゃったものだから、彼女が犯人に狙われたんです。三田光一《みたこういち》(9)もそういうことがあったんだってね。だから、警察と組むのはこりごりだと三田が言っている。三田は手品師だという人が多いけど、某大手企業のために巨大水源を見つけたことがあって、晩年は、その公開企業の役員だった。実用的な透視能力を発揮した記録は山のようにある。

江原　クロワゼ(10)が犯罪捜査で日本に来た時のこと覚えていますか？　透視をつかい、ダムで子供のご遺体を発見したんですよ。私はそれをテレビで見ていました。衝撃でした。ところが、その後「なぜテレビで遺体を映したのか？」とテレビ局が批判されて裁判にまでいきました。結果として見つけたことが悪かったかのように、否定的に印象づけられてしまった。

秋山　覚えていますよ。当時、某思想性の高いある新聞が、あの放映の後にプロデューサーの所へ来て、「今度はどういうトリックだったんですか？」と言ったんだそうです。僕があとで本人から話を聞いたけど、「泣くほど腹が立った」と。その時に彼がね「スピリチュアルの人たちがどれだけ闘ってきたかをよく理解できた」と言っていました。

江原　ご遺族が訴訟を起こしたのも、それを焚《た》きつけている人がいたのだろうと感じましたねえ。ご遺体が見つかってよかったと思う。

◆超能力者はサイボーグではない

秋山　クロワゼもそうだったし、ピーター・フルコス(11)ね。彼が来日した時、ご一緒したんです。すごい大食漢でね。エビをザルいっぱい食べるわけ。甘い物が大好きで。実に楽しそうに透視するんだよ。愉快な人で面白かった。

だけど、「自分の身近なことはわからないよ」って言っていた。彼は指が一本ないんですよ。なぜ指がなくなったかというと、何度も自分の娘が地下室の階段から転落するというヴィジョンが見えて、心配して心配して、ある日の夜中、起きて、地下室のフタを開けてのぞき込んだら、その鎖に自分の指が引っかかってそのまま自分が落ちた。落ちるのは自分自身だったわけ。その時に指がちぎれてしまった。「これは神の諭しだよな」と彼は言っていた。「自分のことはわからないから、こういう諭しがあるんだよ」と。

江原　理解されない世界だから、しかたがないとは思うんだけど、いつもこういう風にたとえるんです。神業を披露するオリンピックにも出場したフィギュアスケート選手の浅田真央《あさだまお》ちゃんですら、転んで点数をとれないことがあるわけです。なのに、**私たちはいつでも100点満点を要求される。いつもトリプルアクセルみたいな、すごいことをやらされてる。**やって見せたで「後ろで誰かが回したんだろう」とか言われる(笑)。

秋山　僕は、あるプロデューサーに「秋ちゃん、マリックはちゃんと毎回できるんだよ、スプーン曲げを」と言われたことあります。ある時、うちの娘が「お父さんは何の職業ですか」と言われた時に、学校で窮《きゅう》したんだって。それを聞いた時に、嫁と泣いたですよ。「うちの父さん、超能力があるんだよ」と言ったら、「そんなことあるわけない」と優等生の子に言われて、こまったと言ってた。そういうことがよくあるわけだよね。

江原　わかります。だから、うち原宿に越したんです。それまで代々木上原《よよぎうえはら》にいたの。そういうところって銀行員の家族とか、カタギの方が多くて、公園デビューとかすると、「何のお仕事をしていらっしゃるの」ってなるんですって。千駄ヶ谷《せんだがや》、原宿辺りはわりと水っぽい仕事の人も多いから、そういう所に行ったほうがいいと思った。正解でした。個人事業主が多いのね。ヘアメイクさんとか、カメラマンさんとか。だから、子供たちも千駄谷小学校で本当にすくすくと育った。人は「原宿なんかに住んじゃって」と言うけれどねえ（笑）。

秋山　イタリアに行った時かな。公園に昔の錬金術師が残したという屋敷のシンボルをがっちり刻んだ鉄の巨大な扉だけが残されている所があった。「錬金術師の扉」といって。そのままの名前がついたんだけど。この扉、外側から閉じる扉だよね。内側に余分な人間を入れない扉だ。

社会と交わって生きるというのは、能力者にとっては哀しいものです、こんなことを言って同情を引こうとは思わないけれど。

summary

1章のまとめ

人間の肉体はまぶしくて目が開けられないほどの光を発している。それは感情や体調によって変化する。ふたりはその光が日常生活に支障をきたすので、見ないようにコントロールすることを学んだ。
ふたりはさらに具体的にオーラを描写した。

秋山　オーラって光の発光、煌《きら》めくもの、放射状にからだの中心から光が出ている。そういうものとして一般的には捉えられていますよね。僕はその表現には違和感があります。最初に見たのは、中2の朝礼の時です。
後ろのほうに立っていたら、前に立っている人の、最初、上のほうに火柱みたいに見えたんです。エーッ?って思って、前のめりに近づいたら、光だと思ったものが、ものすごく明度の高い白色の綿が振動しながら出ている。何だろう?　プードルの毛みたいな感じで、それぞれの光芒《こうぼう》はグルグル渦を巻き出して流れていく。どういうのかな、ウールの塊《かたまり》みたいな感じ。ようするに光る繊維の束《たば》なんですよ。それも線虫の束、生き物みたいで、気味が悪いくらい生命的だった。単に光がこぼれ出ているという感じではなくて、うごめいていて、よく見ると、その線上に光の明るい塊が見える。それが時々一体的に動いていて、こっちに近づいてくると人の顔だったりするんです。ぶわーっと顔が近づいてきてね、話しかけるとちゃんと答えたり。表情が動いたりするわけ。

江原　私は背が高いほうだったから、教室の一番後ろ。前に子供たちがたくさんいるのね。そうすると、みんなが光を放つ。色的にはオレンジとか赤とか、要するに暖色系、それが放射する。いつもじゃないけど、特に休み時間が終わった後。ドッジボールとかして帰ってきて、席に座っている時にボワーッと光り出すから、黒板が反射の光で見えない。だって目の前に花火みたいなものだから。カーテン閉めて薄暗くなると、もっと鮮やかになる。もう万華鏡《まんげきよう》のよう。暖色系ばかりの花火大会。大人になるにつれて、オーラがスクリーンみたいになっていった。霊能者がよく「右側の肩に、こういう人がいて〜」と言ったりするけど、私はあれは右側ではないと思う。たまたま右に映っただけ。オーラって大人になってわかってくるんだけど、放射の先は切れていないんです。放射に縁はなくて、先のほうは立体で、要は向こうの世界。ここから情報が来るわけ。だから、そこにはいない。いないけれど、ここに見えるの。スクリーンのようなもの。

私はここにいる人と会話したりするのだけど、いろいろな人に代わったりするのは、ヴィジョンみたいなもので、向こうの世界との繋《つな》がり。そういうもので、それを言葉化する、表現するのが難しいので「右の肩に～」と言う。でも、右の肩には乗っていない。文鳥じゃないんだから乗ってないです（笑）。

ふたりの発言から、オーラは霊的世界と繋がっていることがわかる。人間は臓器や皮膚で構成された機械ではなく、微細な発光エネルギー体として多層な時空間に溶け合っている。しかし、このオーラも死の間際になると真っ黒な闇になると言う。能力者は物理的な身体だけを人間として捉えていない。実際にオーラが見えたら、近代医学の概念はぶっ飛ぶだろう。秋山も江原も、そのぶっ飛んだところから世界を見ている。まずは見えている者と見えない者の違いを理解していこう。

秋山にとってはＵＦＯも光を放つ有機体で、きわめて生物的に見えるという。私たちは「飛行物体」としてＵＦＯを感知するが、秋山はＵＦＯも人間に近しい超時空体として感じている。だからコミュニケーションできる。

物質も情報を発している

江原は霊に対して人間と同じように対話をすると言う。「悪霊退散」のような扱いはしない。対等に話して納得して帰ってもらう。そして、いかに霊能力があろうと霊の説得は人間力だと力説する。

これまで宗教やオカルトの領域でしか語られなかった霊的世界は、量子論の登場で科学の領域に踏み込んできた。21世紀は宗教と科学がさらに霊性に近くなっていくだろうと秋山は言う。

江原の並外れた共感力は、霊だけでなく、石や物にまで及ぶ。

江原　物もやはり話すんです。石とかはすごく話します。子供の頃から、それを聞いていました。物心ついた時は、もうそういう状態だった。母親の指輪とか、土に埋めていました。子供の感性だから、どうしていいかわからないから埋めたんだと思う。とにもかくにもいつも土の中に埋めていたり、土で囲ってだんごをつくっていたり。父親はその姿を見て、コイツは将来、和菓子の伊勢屋に就職だなと言っていたぐらい。なんで埋めたくなるのか言葉にするのは難しい。怖いではなく。畏怖《いふ》に近い。怖いのは、お金。お金のオーラ。今にして思えば、人の念を感じたんでしょうね。だから、お金も見つけると埋めた。「ここ掘れワンワン」の逆だよね。指に怪我《けが》すると指も土に入れていた。土が治してくれると、子供心にすごく信じていた。

モノが語る。それはネイティブアメリカンやアイヌの感受性に通じる。ネイティブは木や石から情報を取る。もともと人間には備わっていた感受性かもしれない。江原はモノやエネルギーから受信したさまざまな情報を「現代日本語」に翻訳するトランスレーターでもある。その情報をどのように翻訳するかは各人によって違う。文学として表現する者もいれば、絵として、あるいは音楽として表現する者もいる。土を語る江原の言葉は美しい神話のようだ。

秋山は趣味で500円の品からある安価な「骨董品屋」を営んでいる。事務所に行くと珍しい天然石や骨董品が陳列してある。それらのモノに囲まれていると落ち着くのだそうだ。モノたちはおしゃべりで秋山に語りかけてくるらしい。以前も「これがランディさんの所に行きたがっているから……」と古いお面をもらったことがある。

「なんで、このお面を？」と聞いても、結果しか見えていない秋山に理由はない。

「勢いがあるので田口さんと気が合うと思う」

そういう時は黙ってもらって来る。正直、途方にも暮れる。私はモノと話せない。なんでうちに来たのかと訊《たず》ねても、お面は答えてくれない。


「インチキ」だと言われることに能力者はとても傷つく。

一般人にとっては理解し難い世界なので、疑いたくなる気持ちも理解できる。（実際に私は霊もＵＦＯも見たことがない）

『神との対話』の著者、ニール・ドナルド・ウォルシュにインタビューをした時も、率直に「あなたはほんとうに神と対話したのか、それはあなたの幻聴《げんちょう》ではないのか？」と質問した。すると彼はこう答えた。

「あなたにとって、私の本が真実かどうかがそんなに問題なのか。もし真実でなかったらそれは価値がないことなのか。だったら、こうしてはどうか？　この本を読んですべてが取るに足らないと思えば忘れてしまえばいい。でももし、少しでもあなたの人生の役に立つ部分があったとしたらそれを採用すればいい。決めるのはあなただ」

その時は言いくるめられたような気がした。しかし、帰りの飛行機の中で思った。その通りだ。ここは法廷ではない。真偽や善悪にこだわる必要が私にはない。取捨選択をすればいい。騙《だま》されるのではないかという警戒心が強い自分を意識した。振り返ってみれば私は小説を書いている。事実に嘘を重ねて物語にするのが職業だ。その場合、より伝えたいことのためにフィクションを加える。そのほうが相手に届くからだ。しかし、やり過ぎると失敗する。

秋山は江原を「エリートの能力者」と冗談で言う。

「江原さんは、生まれた時から能力を持っていて、ちゃんと師匠についてまっすぐに霊能力者の道を歩いてきた。まさにエリートではないでしょうか」

生まれつきの霊媒体質の江原に対して、秋山の能力は後天的に開花した。UFOの光を浴びたこと、時同じくして米国から超能力者のユリ・ゲラーが来日したことで、秋山の能力は世間に知られることになる。が、その後、マスコミから激しいバッシングを受けた秋山は公務員として働くなど、さまざまな仕事に就く。

神秘体験と人生経験から得た「智恵」を、他者の人生に役立ててほしいと願ってきたが、言葉ではなかなか伝わらない。

江原もまた、メディアを通して霊界からのメッセージを人々に伝えようとするが、本質的な部分が思うように伝わらないと悩む。

彼らの特殊な感受性から学ぶことは実に多い。ますます複雑化しているカオスのような世界。それを一瞬でキャッチしてうまく言語化していく表現力が霊能者には必要だ。**優秀な霊能者がおこなっているのは〈言語による高度な抽象化〉である。**

最後に秋山の言葉を引用してこの章を締めくくる。

秋山　霊能者が言葉を勉強するって大変なんです。僕は、実はもともと大学は出ないで社会人になった。社会人になってから自力で放送大学を卒業し、大正大学の大学院に進み宗教学の学位を取り直したんです。宗教学だと、こういう霊的な世界を逆に批判的に捉えないといけないんです。面接の時に教授が「どっぷりその世界の実践者側にいる人が、大学院に入ったら、周りから裏切者と言われますよ」と言われた。感覚的な言葉が優位の僕にとって、大学院で論文を書くのは苦しかったがとても勉強になった。ボキャブラリーがどんなに大事かってことがよくわかった。

2章

「霊的世界」のしくみと人生の意味

——死後の世界と死後の人生はある

霊界を追究した科学者

現実社会と重なるように存在する「霊界」と呼ばれる見えない世界。「霊界」について知るために、ここでは19世紀の天才霊能力者、スウェーデンボルグの助けを借りてみる。

人間は死ぬと自然界から霊界へ移っていき、そのさい地上の肉体は除いて、自分のものはすべて、つまり自分の個性のすべてをそこへ携《たずさ》えていく。このことが、霊界でのおびただしい体験によって私には明らかとなった。

人間は霊界ないし死後の生活に入っても、この世の肉体に似た身体を携えている。そこでみたり感じたりするものはどんな違いもないので、肉体とちがっていないように思われる。けれども、その身体は霊的なものであるため、地上的な要素から分離され清められている。さらに、霊的なものが霊的なものにふれたり、これをみたりする時と、自然的なものが自然的なものにふれたり、これをみたりする時とは、まったく同じである。その結果、人間は霊となると、生前にもっていた肉体の内にいるとしかいわないし、また自分たちが死んだということさえ知らないのだ。

（『天界と地獄』著スウェーデンボルグ　四六二）

スウェーデンボルグって何者？　という疑問にこれからお答えする。たぶん読者が想像するよりもずっとすごい人だし、霊界について知るのにスウェーデンボルグを無視するのは不可能。かの哲学者、カントに多大な影響を与え、近代思想にとっても重要な人物だ。

スウェーデンボルグは１６８８年にストックホルムで生まれ、84歳で亡くなった。彼はその数奇な人生において２回のターニングポイントを経験している。

オギャーと生まれてから54歳頃まで、彼は科学者、鉱山局監督官、政治家として生きた。実に堅実な人生だった。

最初の転換期は55歳の時に来た。なんと彼は中年になってから霊的な力を獲得し、霊との交信を始めたのだ。第二の転換期は60歳、還暦《かんれき》だ。高い地位にいたスウェーデンボルグがすべての公職から退き霊的な探求と、自分の経験をもとにした著作執筆に専念し始める。彼の代表作である『天界と地獄』も70代で執筆された。

スウェーデンボルグは天性の霊能者ではなかったが、極めて優秀な科学者であり、数学者であり、エンジニアだった。ちなみにスタンフォード大学で実施された『歴史上の偉人のＩＱ測定』

という実験結果では、経済学者のJ・S・ミル、文豪ゲーテ、そしてスウェーデンボルグの3人が大型コンピュータによる分析にもかかわらず「IQ200以上、測定不能」と発表された。IQ200以上だよ、どれだけ頭がいいんだ。

彼の才能はあらゆる学術分野に及んだ。生物学、天文学、解剖学、鉱物学、縦横無尽《じゅうおうむじん》に力を発揮。飛行機の設計図や太陽系のモデルを描いたりと、その直感力はレオナルド・ダ・ヴィンチ並み。50代になったスウェーデンボルグの関心は、自然科学から人間に向かう。人間の身体と霊魂の関係。彼は霊魂の探求のためにパリに留学し、なんと解剖学を学ぶ。養老孟司《ようろうたけし》先生もびっくり。肉体をくまなく観察した結果、霊魂のありかを大脳に求めて大脳の各部の働きを予見。その驚異的な精度は大脳生理学が発達した20世紀半ばにやっと確かめられた。

しかし大脳に満足できなかった彼は、心理学の領域に踏み込む。

どうやら霊魂は肉体に存在するのではなく、人間の意識活動の根源に関わる何かのようだ！そう予感した彼は人間の心を三層にモデル化した。本能と呼ばれる自然的な心。その上に位置する理性的な心。そして、さらに上位に位置する霊的な心。

そしてこの霊的な心を「純粋知性」と名付けた。「純粋知性」のさらに内奥《ないおう》にあるもの、それが霊魂。彼は純粋知性をこう定義した。

「(霊的な心は) 人間が経験によって獲得するものではなく、はじめから完全なので、経験によって完全にされる必要もない」

スウェーデンボルグは思索によって「霊魂」の存在を想定はしたけれど、実証するような霊的体験はまだなかった。ただ確信だけがあった。絶対に霊魂は存在する……と。

そして、ひたすらひたすら霊魂の存在を探し求めたスウェーデンボルグは、ついに自分の目でそれを、つまり、霊を体験する。

1744年3月24日のこと、彼は奇妙な夢を見て目覚める。夢から予感めいたものを感じた。ほどなくして、科学的探求を中止して聖書の研究に没頭する。この頃から頻繁にキリストが登場する暗示的な夢、そして、幻視を見るようになっていく。

最初の暗示夢から5か月後のこと、就寝前の思索中に、突然「黙れ、さもないと打つぞ」と誰かが言う声がした。その時、彼は氷の塊《かたまり》の上の人影をはっきりと見た。

スウェーデンボルグはこのヴィジョンのあまりのリアリティに怖れ震えた。

彼の脳がその人影を〈現実〉のように認識したから。

あれはいったい何なのだ?!

彼は、ただその幻覚を受け止めた。科学者として冷静に観察し記述し、分析しようと努めた。見えたものを否定することもなく、疑うこともなく、純粋に体験されたものとして受け止め、その意味を解き明かそうとした。

冒頭の霊界の記述は、このようにして書かれたものの一節だ。

霊体験をどう解釈し、どう伝えるか

霊的世界はそれぞれ(個人)が内的ヴィジョンとして感知する。

それが幻覚なのかどうかは、ここでは問題ではない。

体験者が、自分の幻覚、幻聴に脅えることなく対峙《たいじ》し、冷静に記述し、さらに他者に理解できるように表現できたかどうか、そこが重要なのだ。

言語能力、分析能力、さらに高いコミュニケーション能力、知識、常識を兼ね備えていなければ自らのヴィジョンを普遍化《ふへんか》して他者に伝えることは不可能。

ただ、見えたようなものだけ、聞こえたようなことだけを伝える能力者はたくさんいる。能力者の不勉強と情報解析能力の低さが、精神世界を陳腐化《ちんぷか》してきた。霊能力者が、霊能力者で在るためには学識、向学心、表現力、コミュニケーション能力が不可欠。霊能の道は実に険しい。

スウェーデンボルグは「霊的ヴィジョン」に誠実だった。

長い努力と探求の結果に書き残した彼の著書は、哲学者、思想家、芸術家たらに大きな影響を与え、スピリチュアリズムの基礎となった。

というわけで、これから「霊的世界のしくみ」を能力者のお二人から聞いていく。

重要なことは、善悪や正誤ではない。

自らのヴィジョンを、どこまで忠実かつ大胆に表現できているか、だ。

【対話2】我々はみんな霊的な衣をまとった神様のかけら

田口　江原さんには霊的ヴィジョンはどんな風に見えるんですか?

江原　たとえば、ある方のご家族が亡くなりました、これからその方の霊視をします、という時、まず日本の昔のオモチャで、はしごみたいなポカポカとするような、なんて言ったかしら。そうはしごだるま! それが見える。「転落死ですかね?」と言ったら、「そうです」って。あのね、転落死をリアルに見るのはけっこうきついですよね。そうではなく、たとえとして見せてもらえるの。シンボルというか、言葉で言えば比喩《ひゆ》。そういうオモチャで見せる。

霊感のある人はこの世に山ほどいる。でも、それでは霊能者とは言えない。受け取ったヴィジョンを正しく分析できるのが霊能者なんです。「私、ヘンなものが見えるんです」という人はよくいると思う。それを分析する努力をするの。はしごだるまが、素早く転落に結びつくかどうかが大事なのね。

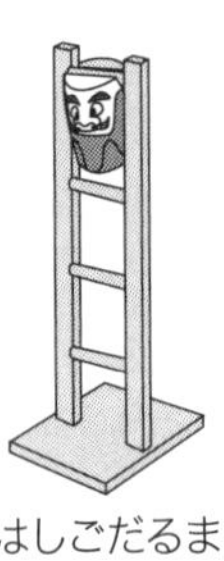
はしごだるま

私が相談を受ける場合、1時間のうち最初の30分はシッティングです。お互いに要件は何も言わないで軽く世間話みたいな……。たとえばお母さんが出ていらしたら「お母さんはどうなさいました？」とお聞きする。「亡くなったんです……」と、その時、ふっと木の松が見える。それで「お名前、マツさんですか？」と言ったら、松さんだった。……そういう感じです。いつも見えるわけではないんですよ。「マツ」と言葉で聞こえる時もある。もちろん鼓膜《こまく》で聞こえる音ではないですけど。スズキと音で聞こえてたら、「その方の名字は「鈴木」か「都筑《つづき》」ではないですか？」と質問する。なんにしても、**鼓膜《こまく》で聞く音ではない。光の反射で見えるものではない。ヴィジョンです。どういう風に出てくるかはその時次第。だから難しい。**

田口　暗号解読みたいですね……。

江原　さっき、「霊視ってどんな感じ？」と言われた時に、「ハイ！　バナナ（連想ゲーム）」って思い浮かんだ。それが霊視ですと（笑）。だから、間違えることもよくある。「すず子」と聞こえたけど、きいたら「すみ子です」だったり。でも音はよく似ている。このことがわかったのは、大人になってからです。子供の時は何でそんなものが見えるのか全然わからない。自分の目がおかしいと思った。眼科にも行った。検査も受けた。ヘンなものを見る自分がおかしいと思っていた。オーラという言葉だって、つのだじろうさんの漫画で知ったんです（笑）。

秋山　霊的な情報は、統合感覚的なものなんです。よく共感覚の人たちに与えられる感覚で、ある意味「色即是空《しきそくぜくう》、空即是色」。色と言えば色だけど、色ではない。言葉と言えば言葉だけど、言葉ではない。それをあえて言葉にして展開すると、「すず？……かな？」。色にすると、この人、髪の毛、茶色っぽいかなとか、パタパタ（はしごだるま）を見て、転落死をイメージするように、隠喩《いんゆ》を読み解く感じです。与えられた情報に自分の脳がもともと持っている情報をまさぐって似たようなものを持ってくる。

実は普通の人は夢の中でこれを体験しています。潜在意識が反応して、似たような言葉で連想できる映像を持ってくる、それを夢で見るわけです。超心理学の分野でも同じような実験結果が出ています。

透視能力のテストで三角形を透視してもらう。普通の人でちょっと霊感の資質のある人が、三角形を透視すると「ヨット」とか言うわけ。帆の形が似ているからね。こんなふうに似たようなものを連想するという傾向が出てくる。つまり、元に入ってくるデータソースは統合感覚的なもので、それをどういう風に分けるかが感覚表現。逆に言えば、ここで霊能者の個性が出るんです。見える場所が右肩が父方で、左肩が母方とか。そういうことにこだわらないと、わからない人もいる。表現のレベルでその人の力量が出てきますね。

江原　よく冗談で言うんです。結婚式場の親族写真じゃないんだから、霊が右か左かはあんまり関係ありませんって（笑）。

◆霊界のしくみ

田口　江原さん、スピリチュアリズムにおける霊界のしくみを教えていただけますか？

江原　ええとね、これが霊界の図（左の図）なんです。これを見ながら説明しますね。この大きな輪っか（いちばん外側のだ円）の中全体が、神なんですね。実はこの輪っかがあるとないとでは大違い。あのね、宗教にはこの輪っかがないんです。

神って、たぶん多くの人が小さい頃から唯一絶対のものだと思っているでしょう。だから、私の講座では何度も「この輪っかがとても大事なんですよ！」と強調します。なぜかというと、この輪っかの中、全部が神なんです。**スピリチュアリズムでいうところの神は、唯一絶対ではない**

霊界図（江原啓之による）

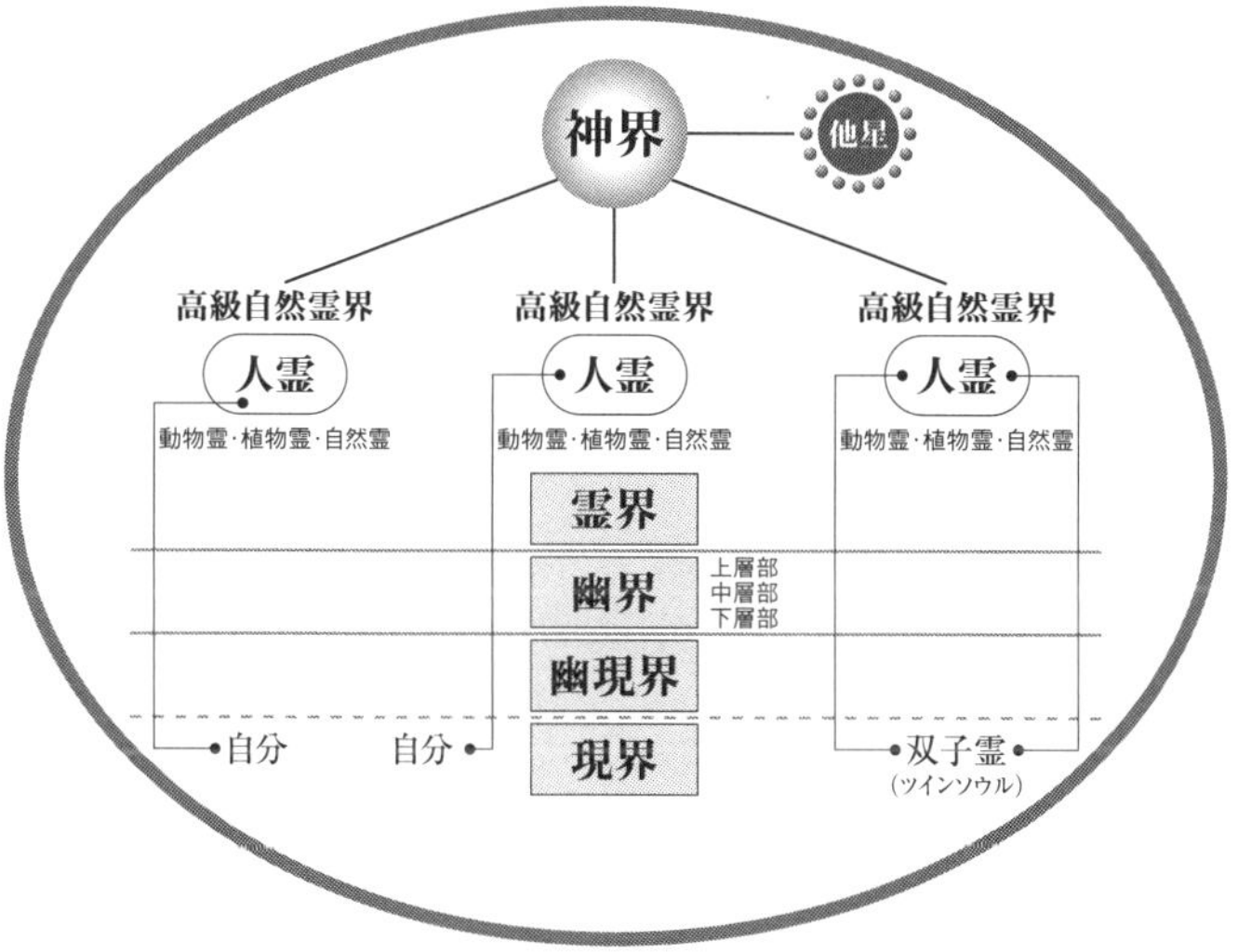

の。**私たちみんなが神なの。**それぞれが。

この輪っかの中は、たとえて言えば液体。それもコーヒーのように色がついて濁っているんです。そうです、不完全な状態なんです。みんなそれを聞くとびっくりするのね。だって、神は完全無欠だと思っているから。違うんですよ。神は不完全である。そして私たちみんなが神である。それがスピリチュアリズムの基本なんです。

私たちは、この濁った液体の一滴としてこの世にぽとんと落ちてきます。神の一滴として、神の小さな分身として。私たちが生まれてきた理由は、私たちはもともと完璧ではない。完璧でない私たちを分けて、この世に送っている。神の分身をね。

不完全な私たちはこの世でさまざまな経験と

感動を経て成長します。するとコーヒー色だった私たちは無色透明になっていきます。あくまでも喩《たと》えですよ。本当にコーヒー色じゃありませんからね。濁りが減って透明に近くなって上に還るでしょ。そしてまた生まれて来ては、透明になって還る。こうやって繰り返していくと、やがてこの輪っかの中全体が、無色透明になっていく。それが、霊性の向上なんです。

言葉で言うのは簡単ですけど、実際にはそんなに上手《うま》くいかない。また別の色をつけて戻ったりすることが起こるわけですよ。それでも三歩進んで二歩下がるではないけれど、この浄化を繰り返しながら、全体が少しずつ透明に近づいていく。

マザー・テレサは「なぜ道端に倒れている人を助けるのか」と聞かれた時に「それは、そこにイエスがいたから」とお答えになりました。そうなんですよ、みんな同じ神の分身。だから、生まれてきたの。そしてみんなで力を合わせて向上していく。

じゃあ、あの世とはどういうところか。**あの世は霊的な学びの場です。ここは現世という物質的な学びの場。物質界だけが他の世界と全然違って、存在が物質化している場所なんです。**いわゆるトレーニングジムです。物質界だから身体があって、病気がある、老いがある、血の繋がり……親子もある、あの世の世界にそんなのはないわけです。私たちはあえて自分を磨くのに肉体というものを持ったんですよ。そのほうが修行しやすいですから。物質界でたくさん経験し、たくさん学んで死を迎えたら、さっきの液体の中に戻っていきます。みんなでそれを繰り返している。

◆宗教は神とだけ対話する

田口　スピリチュアリズムは宗教ではないんですね？

江原　宗教にはこの輪っかがない、それが問題なの。宗教だとね、神様と自分が一対一の関係になる。神様がすごくて人間はみんな凡夫《ぼんぷ》なんです。神様が偉いから、みんな神様にはとっても忠実。鳥居《とりい》も寄贈するし、お供えもするしね。でも隣の人にはちょっと意地悪だったりする。実際にそういう人がおりますでしょ。自分だけいい子になって、神様に自分のことを見てもらおうとする。神様と私だけ、あとは目に入らない。スピリチュアルな人たちにもそういう考えの方がおりますよ、ご本人は自覚できていないけれど。だってほら「あなただけにこっそり教えてあげる」「神様にかわいがられる人になるには」って囁《ささや》くでしょ。それって、自分だけでしょ。仲間だけでしょ。**神様にえこひいきしてもらおうという発想。それは物質界の価値観で、それではなかなか魂は向上できないんです。**

田口　神様は存在ではなくて、大きな……場というイメージですか？

江原　違う。神と言ったら全部。ぜーんぶ神です。たぶん、一般の人がよく神様のように感じているのは、神界《しんかい》と言って、私たちの大先輩の世界のことだと思う。神界は高次な幽界だから、名前とか性別とかは消えていてそこに誰それがいるとか、そういう世界ではないの。神界そのものが私たちのとっても成長した状態。でもそれが神ではない。何度も言うけれど、この輪っかの中の全部が神なんです。

◆波長と因果の法則

田口　現界（物質世界）の上に書いてあるこの階層はどういう意味ですか。なんだかヒエラルキーみたいで、ちょっと現世っぽいと思ってしまうんですが……。

江原　この層は、こんな風にしか二次元では表現できないからこう描いてある。線とか境界があるわけじゃないんです。人間が死にます。死んだ後の幽現界《ゆうげんかい》はここに重なり合っているの。だから、亡くなって、まだその辺にいるというのは、幽現界にいるってこと。だけど、同じ世界なんですよね。線にすると分けてしまうことになるので正しくないんだけど、要するに、肉体を捨てて幽体になって生きている。幽霊という言葉は正確に実体を表していない。幽体霊と言わなくちゃいけない。

幽体霊はまだ人間だった時と同じ状態で「私の人生はひどかった」「私の子供が心配」とか言いながらさ迷っています。それがある時に、自分で気がついて「ここにいてはいかん」となった時に幽界に移るんです。ここでは幽界は、上・中・下になっていますが、実際はもっと細かく層がありあます。それも線引きされているわけではなくて、混じり合って存在している。

現世と同じです。いろんな人がなんとなく住み分けているでしょう? お金持ちは田園調布《でんえんちょうふ》に住む、そんな感じ。今の自分があの世の自分でもあるの。みんなそれぞれ現世と同じ情況を生きているわけ。ランディさんだって階層の中に生きているのよ。それぞれが出す波長の階層に生きています。この世にごまんと人がいるのに、なんで秋山さんと縁ができるの?といったら、それは「類は友を呼ぶ」ってことでしょ。結局そこが自分自身のステージなわけです。波長が違う人とはなかなか気が合わない。あとね、ステージは違っても、お互いを磨き合うために出会うこともあります。**似通った相手を連れてくるガイドが自分の波長、磨くための相手を連れてくるのは因果。肉体が死んだ後、しばらくはまだ生きていた頃の個性が残っているから、あの世でも階層を形成するんです。**

田口 な、なるほど。現世でのことが死後も受け継がれるわけですね。スウェーデンボルグも霊界では人々は現世と変わらない暮らしをしていると言っていますものね。

江原 マザー・テレサは「結局は、すべてあなたと内なる神との間のことなのです。あなたと他の人との間であったことは一度もなかったのです」と。

これはどういうことかと言えば、相手は関係ないんです。自分自身の姿を相手に投影して見ているだけ。同じ波長なんだから、相手を恨んでも仕方ないんです。あなた自身のことなんですよって。マザー・テレサはとてもスピリチュアルをよくわかっていた方だと思います。それ以外にあるのは、守護の法則。霊界の中にいる故郷の人（グループソウル）が守護霊なの。守護霊は自分のことを見てくれている。何か困ったことが起きてもすぐに助けたりはしてくれない。「頑張れ！自分で起き上がって」と言う。守護霊は親みたいなものです。本当の親。魂の親です。

現世でどういうステージにいたかで、霊界のどこに行くかも決まります。ステージって言うと誤解を受けそうだけれど、つまりどんな人たちと関わり何をやっていたか、ということです。

マザー・テレサだったら幽界の上層部に行くかもしれないですね。幽界の一番上層部のことを、霊界の人たちはサマーランドという言い方をするんです。

◆魂は二度死ぬ

田口　東京サマーランド（笑）？

江原　いいえ、サマーランド、常夏の国。要するに、天国。だから、そこが天国だと誤解している人がいる。ここでは何でも思うようになるし、好きなことだけしていたらいいの。ここで暮らしているうちに、**自分のことだけでなく、より向上しなくてはいけないなと気づいた時に、幽界から霊界に上がるんです。この時に第二の死というものを迎える。**

どういうことか？　幽体も捨てるんです。幽体というのは、ひとつの執着なんです。自分の姿、形。死んでこれだけ経つと、名前もどうでもよくなったり、男女もどうでもいいし、いろいろ執着を捨てていって最後に自分という固有名詞も何も、幽体も要らないねって。それが第二の死なんです。だから、魂が向上すると、魂だけ映るとよく言う。光だけとか。それは、すべてを超越してしまうから。その時に、自分は何のために生まれてきたのかがわかります。第二の死を経験して魂そのものになったところで、再びグループソウルたちと融合し、そこから現世に再生する魂が分化します。

よく輪廻転生《りんねてんせい》と言いますけど、あれはスピリチュアルの世界では完全再生と呼ばれるもの。私は霊界からのメッセージを受けて、部分再生という説を一番大事にしています。部分再生というのは、生前の個人のある部分の要素だけがグループソウルと解け合って再び生まれてくる、ということ。ダイヤモンドのイメージです。カットの面一つひとつが自分だったり、守護霊だったり、いろいろな人たちの集合体、ランディさんもそういう魂。だから私はよく「グループソウルにプラグを繋げなさい」と言うんです。苦手なことがあっても、グループにはそれを得意な人が絶対にいるからと。

田口 得意な誰かが助けに来てくれるのですね?

江原 そう。よく努力していれば、ある時、急にわかるようになる。それが、魂と繋がった瞬間。だから、「そこまでは努力しなさい」と言う。そして、精いっぱい生ききってすべてが終わったらまた幽界に戻り、より崇高な全体性に溶け込んでいく。

私たちは植物だった時も鉱物だった時もあるんです。動物にもなる。そして人霊へと進んでいる。ダーウィンの進化論とは違う、スピリチュアリズム上の進化の過程です。だから、細木《ほそぎ》（数《かず》子《こ》）さんみたいに、「死んだら、あなたゴキブリになるわよ」ということは、決してありません。元に戻ることはない。必ず上に行きます。

田口　たとえば、「私はきっとサマーランドに行けるなあ」と思って死んで、全然違ったみたいなことはないんですか？

江原　宗教に傾倒し過ぎると気をつけないと。どうしても教祖や神様の方ばかり見ちゃうからね。

田口　上層とか中層とか下層というのは、何によって決められるのですか。

江原　自分の霊性。

田口　それを見ているのは、どなたなんですか？

江原　自分で決めるんです。霊魂だから。

田口　死ねば、自分の霊性はわかるんでしょうか？

江原　面白いでしょ？「自分はどの霊性の人ですか？」という。肉の人ですか、魂の人ですか、霊の人ですか。たとえば、肉の人というのは、すごく動物的な人。物欲とか肉欲、利己主義、人間を肉体であると思っている。「魂なんかない」と言っている人は肉の人。そういう人は下層。次に幽界の人。魂の人というのは、利己的な要素はまだ残っている。しょうがない。人間としてね。だけど、感情も強い。我《が》も強い。でも、人間は霊であるということが、ある程度わかっている。そういった人は多いと思う。そうは言っても、仏様を拝んだり、お盆はお墓参りに行ったりとかね。精神を重視するところがある。「やっぱり、そうは言っても心だよね」と言っているような人は幽界の人。だから、だいたい中層ぐらい。霊界の人は、人間とは霊であり、神であることを知る人。無私、献身的人物。マザー・テレサみたいな人。そういう人が高い霊界に行けます。

田口　これは行動ですか?

江原　思いのほうです。スピリチュアルでは、思い・言葉・行動は全部一緒なの。

田口　でも、バラバラな人のほうが多くないですか?

江原　ううん。思っていることが、その人のすべてを表すから。言葉でどんなにウソをついていても、心がすべて。

田口　行為はなくてもいい?

江原　行為は思いが現れるから。メッキはいつかはがれるでしょ、どれだけウソをついていて上手いことやっていても、思いが出てしまいます。スピリチュアリズムは基本的に、思いです。

◆魂の永遠を引き受ける覚悟

田口　秋山さんは、ほとんど霊界については語られませんね。どう思われますか?　死後の世界はあると思っていますか？

秋山　当然あると思っています。ただ、なんというかなあ。**死後って、ここから見ると未来じゃないですか。よく未来側から情報が来たりするんですが、やっぱり今の思いを纏《まと》っていてベタついて感じるんですよ。**過去の因果をまた向こうでもやらなければいけない重さみたいなのが続く感じ。

キリスト教みたいに死んだら各人の魂は神によって天上にストックされて、復活の日に全員蘇るという話だとすれば、そのほうが気が楽だと思うんです。でも、スピリチュアリズムが言う「魂の永遠」は、永遠を引き受ける責任と楽しさがある。

僕は前世の記憶を、小さな時からなんとなく持っているんだけど、それはほんとにぼやっとでね。そう考えると、僕がポテッと死んで生まれ変わったとしても、やっぱり今の記憶をぼやっとしか認識できないわけです。重要な記憶は潜在意識にしまわれて、それこそ記憶物質のレベルでバラバラに分解されている。なかなか来世でそれを再統合することはできないだろうと思うと、やっぱりちょっと悔しいなあと……。

現世を、ガムをよく噛《か》みしめるように、味わっていきたいなあという思いは強くなります。

◆宇宙の成り立ちとヴィジョン

秋山　宇宙はねえ……。身体と相似象、メガホンのように、体と相似的に広がっていったように感じる面と、もう一つは、逆に言ったら、ベタつく霊的な要素に対してめちゃくちゃサラサラなものが轟々《ごうごう》と流れている世界。それをアガーシャという人もそうかもしれないし、それぞれの粒が情報を持っていて、轟々と流れている。何かそういう風に感じます。

田口　またまた文学的だなあ。それは空間ですか。それとも場？　磁場みたいな。それとも、定義不能なもの？

秋山　いや、だから、果てに行くと流れているんです。でも、たとえば地球周辺といった場合は、地球色のベタつきで固まり始めている。さらに、ここに肉体として固まる。物質寄りになればなるほど、星に寄って行けば行くほど、そのサラサラは固まり始めるんです。だから、「始めに言葉があった」というのは聖書だっけ？　初めに空間に意味を投影した人が、そのサラサラに念写してしまう、自分の世界を……。そんな風にして生命の場はつくられたんじゃないかなと思ってしまう。だって、目のない動物が、目を進化させるということは、見るということを事前に知っているということだと僕は思う。

田口　確かに、見るという行為が先になければ、目を進化させようがないですね。

秋山　ないです。（見る行為がないと）目を進化させることは手も足も出ないということになる。だから、型が事前にあるとしか思えないんです。

田口　見たい人がいたから、見ているんだもんね。我々。そこは面白いですよね、誰でしょうね、初めに空間に世界を念写した人って……。

秋山　なんにしても、日本の精神世界では用語がファジィなままよくつかわれています。もともと、「精神」は学術用語でつかわれてきた歴史の長い言葉です。一方、「世界」は仏教用語で、三重になっている時系列的な空間、つまり三千世界《さんぜんせかい》のことです。日本語の「精神」というのはソウル、スピリットと同じように用いられたりしますが、そのどちらでもありません。西洋的な意味での心の捉え方を「精神」という日本語に訳した時に間違ってしまった。

田口　秋山さんは、精神世界をどう定義されますか？

秋山　「精神」とは、総合的な人間の本質を表す言葉でした。「精《せい》」というのは妖精の精で、見えない霊的な衣服のようなものです。プラーナ、体にまとわりついているフィールド、フォースとか……。「神《しん》」というのは神様の神で、外側の彼方《かなた》にある時空を超越した意志、そのかけらがここにある、という意味です。だから、精神を直訳すると、「霊的な衣をまとった神様のかけら」ということになります。

田口　美しい表現。

Compassion
京都発見

秋山　そこには自己超越性を含むし、周囲の環境と見えない世界でどう繋がっているかという構造論も含むし、時系列的な過去や未来も含まれている。だからこそ、超能力も気功もＵＦＯ（未確認飛行物体/Unidentified Flying Object）もユング心理学もノストラダムスも、すべてがテーマとして乗っかってくる可能性がある。

◆宇宙の構造を象徴する「三位一体」と「正四面体」

田口　キリスト教の三位一体《さんみいったい》、日本の神様も三位一体で語られることが多いです。「３」のイメージ神話には繰り返し出てくる。「３」という数字が持っている、この世界のあるしくみみたいなものは、もしかして霊的な世界にも共通しているのかなと。

秋山　渦巻きとからせんというのが、霊的な構造だと直感する人は多い。この渦巻きは、宇宙の基本構造、これは物理学ですよ。見ていくと、いろいろなエネルギーの流れが注連縄《しめなわ》のような渦巻きで宇宙中に伝わっていくんですよ。なんでこういうらせんになるかというと、たとえば宇宙で岩石をコーンと割った瞬間に、かけらがみんな同じ形になるんです。正四面体。正三角形が集まった基礎立体になる。重力がないとそうなっちゃう。**立方体が基準だと考えるのは、重力圏に生きている我々の思いグセ。宇宙空間では、**

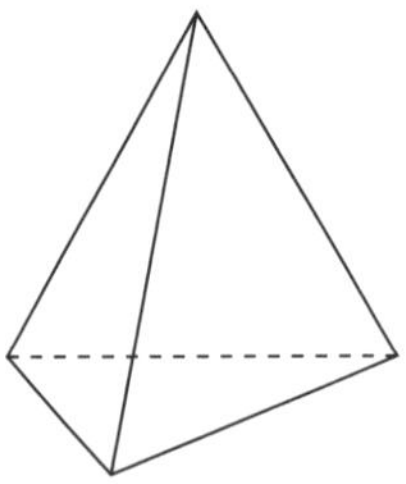
正四面体

どこからでもうまく力を逃がせる最低の形は正四面体、つまり三角形の張り合わせなんです。これを一面ずつうまくくっつけていくと、カッカッカッとらせん構造になって連続体となる。だから、遺伝子のらせん構造も何もかも、もともと基本的に全部が三位一体でできている。

田口　何かを「思う」の語源は、重さの「重い」なんですよ。なので、この星は重力場を持つ思いの星かな。思いでベタベタしている。

秋山　そのベタつきのアンテナみたいな形が、正四面体だと思っている。あとこうやった時（下の図）の窓。三角形ね。日本には古くから、こういう手でつくった窓から物を見ると、物の善悪が見えるという伝承があるんですよ。実は、じゃんけんの時に、こうやって見るやつはおまじないなんです。これでできている穴から見ることによって、本当の未来が見えるとか、霊的なものが見える。

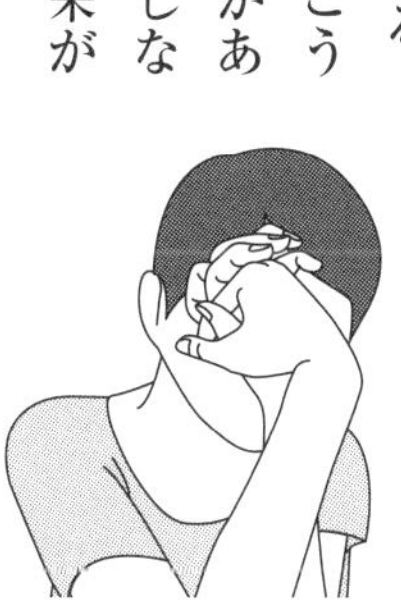

じゃんけんの前の仕草

田口　よくやる人がいた。何が見えていたんだろうね。

秋山　江戸時代なんかの子供の習慣というか遊びで、夜中にヘンなものを見たら、必ず指でこうやって見てごらん、狐《きつね》か狸《たぬき》かわかるよ、みたいな。真実がそこから透けて見えるという発想かな。理由はよくわからないんだよね。

田口　三角がポイントなんじゃないですかね。

秋山　僕もそんな気がする。
田口　極と極があるとするじゃないですか、つまり対極だから、2ですよね。でも大本はひとつじゃないですか。1は分離すると2になると思われているけれど、でも、極と極が存在するということを観測するものが必要だから、3つに分かれる。1が分裂したら、2にはならなくて3になっちゃうんですよね。
秋山　二元論的な現象視点があって、それを超えた面があって、それを観察している面があってできるわけ、正四面体が。
田口　そういう風に考えると、トリニティという宗教的な考え方も、三位一体的な神様の考え方も、全部正四面体的な認識構造ですよね。
秋山　そうですね。だから、この世で神を感じる基本的な台座は……。
田口　正四面体。
秋山　その台座を意識しなさいよという直感的な感覚が長く、いろいろなところに伝わっていて、それがフリーメイソンのシンボルの三角だとか、ピラミッドつくらなきゃとか、人間の不思議な衝動に繋がっていく。

◆1は分裂すると3になる

田口　でも、もっとシンプルに考えていいですよね。ふたつの極があったとしたら……。
秋山　アウフヘーベンの三点目。その観察者が必ずいる。
田口　それは認識論の崩せない前提。
秋山　これをひとつの意識視点にして、ヘーゲルだとか有名な哲学者は三重性の定理、つまり物事は二元論だけれども、そこからちょっと上に出ればいいんだと言ってアウフヘーベンの概念をつくる。
田口　霊的な世界に関してもこれは応用できる？　たぶん能力者は、いろいろな視点で物を見られるから、この認識論に行き着きやすいと思うんですよ。
秋山　いや、本当にそう思った。かつて僕は宇宙人からいろいろなレクチャーを受けたんだけど、結局、そのことを教えようとしている。
田口　極と極がある。一方の極になった時というのは、それ以外のすべてがこっちにあるわけですよね？　反対の極になった時は、これ以外のすべてがあっちにあるわけですよね。無いもの以外はすべて有る。有るもの以外はすべて無い。『マクベス』の魔女です。「きれいは汚い、汚いはきれい」。

秋山　そうですよ。これに気がつくと、念じるということがどういうことかわかる。「なぜ？」の「なぜ？」の「なぜ？」の「なぜ」。だいたい物事は4つから5つの「なぜ？」で切ると、宇宙的な問題にいっちゃうんですよ。結局ね。

田口　それで言うと、「なぜ？」の「なぜ？」の「なぜ？」の「なぜ」で巡って来ると、最終的には、「だから、これで良し」となっちゃう。

秋山　そうなんです。非常に単純な。だから僕、この感覚こそが「空《くう》」ではないかと思ったりするんですよ。「空」とか、キリストの説いた「愛」とか、本来はこの感覚なんじゃないかという気もする。

summary

2章のまとめ

この章では、ちょっと難しい話題を取り上げている。世界とは何か？　これは精神世界にとってとっても大切なテーマなので、一緒にていねいに復習してみよう。少しばかりややこしい話をするけれど、「精神世界3・0」のインストールには必要事項なので、必ず読んでください。

たとえば、あなたがもし宇宙人から「地球ってどんなところですか？」と質問されたら、どう説明するか？

「えっと……7つの大陸があって、肌の色の違う人々がいて、違う神様を信じている人たちがいて、同じ考えの人がなんとなく住み分けている丸い星」

地球のどの部分を切り取って説明するかは人によって違う。地球というデカイ惑星を子供にわかるように説明するのは実に困難。

それと同じことで「霊界ってどんな所ですか？」と聞かれても、地球を説明するのと同じくらい難しい。

江原と秋山は基本的な世界の構造を、違う視点で語っている。言葉は違うけれど、話している内容はほぼ共通している。

「えっ？　江原さんの話と秋山さんの話はどこが共通しているの？」

って、読者は思うだろうから、それを解説してみる。

江原の話を思いだしてみよう。

「輪っかが大事なんです」と江原は強調した。

輪っかは「1」だ。「1＝神」。

この「1＝神」から分魂して、物質界にやって来たのが、あなたであり私。

「1」が大分裂して世界になったわけだ。

まさにビッグバンだね。


ここで考えてほしいのだけれど「輪っか」しかない「1」の状態というのは「人間の思考の範囲を超えている」。だって、それしかないとしたら誰もそれを**観察**できない。有るも無いも議論しようがないってこと。このような「人間が考えることができる限界」について考察したのが、後で出てくるカントという哲学者だ。

1は分裂して2になる。ここではじめて「あなた・私」が生じて認識できる。

「あなたでなければ私、私でなければあなた」ってこと。

分裂しても「輪っか」はそのまま存続するので、「輪っか＋あなた＋私」という3になる。これが大事。「輪っか」は「輪っかのまま」そこに在るんだ。

秋山は言う。宇宙の基本の形は三角。

ね、秋山は江原の話を別の視点で説明しているだけだ。

宇宙は3で構成される。三位一体。

物質を構成している原子だって、陽子と中性子と電子でしょ。

こんな風に、どこを切っても金太郎飴みたいに宇宙は3つの要素で構成される。それは心の世界も同じ。


魂が神から分かれると「神（輪っか）＋私＋あなた」になる。この場合の神は観察者で「あなたと私」によって発生するさまざまな「よじれ」を体験する者になる。だから、認識論的に言えば、**「神は自分が体験するために分離し（3を形成し）、また戻っていく（1に還元する）」それは輪廻転生とも呼ばれる。**

そしてこの神からの分離が、全宇宙、全世界のあらゆるパートに万華鏡のように起きている。

秋山　宇宙空間では、どこからでも上手く力を逃がせる最低の形は正四面体、つまり三角形の張り合わせなんです。これを一面ずつ上手く組み合わせていくと、カッカッカッとらせん構造になります。だから、遺伝子のらせん構造も何もかも、もともと基本的に全部が三位一体でできている。

ここで問題。秋山がとんちのようなことを言っている。「なぜの、なぜの、なぜの、なぜ？　物事は４つのなぜ？　で切ると、宇宙的な問題にいっちゃうんですよ」これはどういうことか。

今の現実の問題を「3のルール」で認識する

たとえばここに「私は貧乏なんです。もっとお金持ちになりたい、どうしたらよいですか？」という人がやって来たとする。

3のルールで考えてみよう。

〈貧乏な私＋私に望まれているお金持ち＋体験する神〉

という分離が起きているよね。「貧乏な私」が存在するためには「金持ち」が必要になるってこと。すべての人が自分と同じくらい貧乏だったら、それは貧乏とは思わないでしょ。

私はなぜ貧乏なの？　あなたを貧乏だと思わせる金持ちがいるから。なぜ金持ちがいるの？　貧乏人がいるから。じゃあなんで、貧富の差があるの？　神がそれを体験したいから。神って誰？　あなたです。私が神ならあなたは誰？　み〜んな神です。あれれ……？

それじゃ貧富の差は解消しないって？　その通りです。これを社会問題として解決しようと望んだら、また3つに分裂が起きる。

とっても大事なことなので、しつこく説明するね。

序章で、天才物理学者、ニールス・ボーアが晩年に太極論の研究していた話をしたよね。前に戻ってページを見返してみて。

太極論というのは、太極拳の太極。勾玉《まがたま》のような陰陽のマークは、森羅万象《しんらばんしょう》が陰と陽の二極の間を行ったり来たりしながらとどまることなく変化しているシンボル。

1から分離して分かれたら、陰と陽みたいに極に分かれる。金持ちも貧乏人もこの相対性の世界では単独で存在できない。体験とは金持ちと貧乏の間を行ったり来たりすることなんだ。そう、一瞬もとどまることなくね。

陰から陽へ。陽から陰へ。

お金がなければ金持ちになる体験ができる。金持ちなら貧乏になる体験ができる。

だからお金を持つと案外人はケチになるよね。その人のテーマがお金なら、お金をめぐるふたつの極を行ったり来たりする、それが人生であり観察者である「神の体験」となる。そのことを江原は言っているんだ。

こうして「神」から分離した魂は体験を求めて、ここではないどこかへ旅立ち、自分ではない自分を求め、今日ではない明日を夢見る。そして体験する。東洋の叡知《えいち》は大昔からこの法則に気づいていた。この点において、物理（存在）と言葉（認識）と魂（神）のルールは一致する。

感覚を統合する能力者たち

私たち一般人は、統合的な感覚をうまくつかえない。融合させるイメージが苦手で、一対一の対立軸で物事を考えがち。世界が実は「3」で構成されて流動的なことを忘れている。

霊能力者は違う。彼らはこの三角形のフラクタルな世界（宇宙）をざっくりと把握できる（秋山は宇宙人に教えられたと言う）。よって、未来も予測できるし、今、自分に何が起きているかも直感できる。ただ、説明があまりに困難なのでなかなか伝えられないのだ。

ちょっとだけ、手を止めて周りを見回してみて。

人生は今ここに「あるもの以外はない」し「ないもの以外はある」よね、瞬間、瞬間に二極に分離し変化し続ける。

「あ〜、無性にプリンが食べたい！」

プリンがないので、プリンが欲しい。いま、口にプリンが入っていたら食べたいとは思わないでしょ。プリンを食べるためにコンビニに買いに行く。よっしゃ、プリンゲット。食べたら甘過ぎてもてあましちゃった……。そう、これが人生。

だから、ブッダは「中道《ちゅうどう》」を説いた。両極のど真ん中って「あるでもなく、ないでもない」つまり「空」。キリストでいうところの「愛」。日本語で言えば「有《あ》り難《がた》い＝感謝」。

これが第四の視点だ。「体験する神＋私＋プリン＋それを知るメタな私」だ。

プリンが食べたいって思っている私って、なんかちょっと愛《いと》しいな……みたいな視点がメタ視点。

お金持ちになりたい人、その願いはすでに達成されているよ。だってあなたは「お金持ちになるための条件を満たすべく今、貧乏」なのだから。よって、イエスは言う。「貧しい人は幸いである」と。

感謝しよう。私はお金持ちになる体験をするために今、スゲー貧乏だ。

ブッダは出家を体験すべく大金持ちの王子様だった。

失恋を体験するために恋をし、出会いを体験するために別離する。なぜって、神様がそれを望んだから。そしてみんな神様のかけらだから。なんかみんな愛しいなあ。

この感覚を、秋山も江原もデフォルトで持っている。

よって、優れた霊能者はタフで優しい。

3章

「自然界」や「精霊」とのつき合い方

——龍・天狗・木霊・妖精…は身近にいる

自然界の霊的存在をどう感じるか

龍を見たことがありますか？

「龍を見た」「ここには龍神がいる」「龍のエネルギーを感じる」「龍の写真を撮った」

霊的な直感力を持つ人たちの多くが龍を見たり、龍を体験したりする。

じゃあ、龍っていったい何だろう？

という問いに対して、自分なりに定義できる人は割と少ない。日本各地至る所に出没する龍とは何者なのか。水のエネルギーの象徴と解釈する人もいれば、いや、もっと広範囲な強い宇宙エネルギーの象徴だと言う人もいる。

「エネルギー」をどうイメージしていますか？

霊的な現象を説明する上でとても便利な言葉「エネルギー」。エネルギーの捉え方も各人が微妙に違う。エネルギーを電気や石油だと思う人もいれば、生命エネルギーを想像する人もいる。

言語は、物事を大括《おおくく》りにする。電気もガスも元気もエネルギーだ。

もし微細なものを感知したら注意深くていねいに表現しなければ他者には伝わらない。よく「からだの中の見えないエネルギーだらけだ。と言われるけれど、生化学的に見てからだの中は見えないエネルギーだらけだ。符号のような言葉はつかわない。自分の感覚を精査し、表現する、それが優れたヒーラーであり能力者だ。」

江原は、龍は自然霊だと言う。自然霊とはこの自然界において一度も形を持ったことのない存在だそうだ。自然霊と交信するためには自然界との感応は必須条件。子供心に「怪我をしたら土が治してくれる」と直感していた江原だからこそ、自然界の霊たちともコミュニケーションが可能となる。

秋山は子供の頃に蟻《あり》を追いかけて2回、行方不明になったという。大きな欅《けやき》の木の前にいると、その木に棲息《せいそく》している虫の気配がわかったそうだ。

秋山　森に入ると、マムシや玉虫が出てくる。見たこともないキノコは生えているしで、楽しくてしょうがない。でも学校では、転校生ということでいじめられましたね。しかも体が弱くて体育ができない、運動が苦手ということで、ものすごくいじめられた。喘息《ぜんそく》やアトピー、蕁麻疹《じんましん》もあって、学校に行くのがイヤだった。その代わり、自己逃避的に夜空を毎日ボンヤリと見るとか、野山に浸るように自然と同化しましたね。

秋山に言わせると「自然界と分離しているほうが自我が強くて子供は元気」だとか。自然との一体感は人間を内向的、思索的にするという。かつて自然界と深く交感《こうかん》する秋山は女々《めめ》しい男子として級友からイジメを受けた。給食の時に机を廊下に出されたり、カバンの中身をバラバラにされたりした。人間とのコミュニケーションが取れない秋山少年は、より自然界に入り込んでいく。

秋山　明け方近くまで夜空や山や田んぼを見ている。稲穂が垂れる頃、夜でも月明かりで一面金色に光って見えることがある。そこをイタチみたいな生き物がピョンピョン飛び跳ねながら稲穂をかじりにくる、それは不思議な光景だった。雨が降るとカエルがいっせいに鳴き出す。そういう光景を見たり聞いたりしていると、自分が自然と一体となって溶けだすような感じだった。

霊的に語りかけてくる自然界

現代人の中にも、山や土地、木の痛みがわかるという感受性の強い人たちがいる。でも、ちょっと待った。その痛みがどこから来たのか、自分のどんな部分がその痛みを引き寄せたのかを精査しているか？

自然と交感する能力者もまた、感じたことを考察せずに伝えるため、他者から理解されないことが多いのではないか。

本人も自分が何を受け取り何を伝えたいのか、受け取った信号を解読できない。ただ「龍のヴィジョン」が見えた、……が、そこから先は個々の物語に委《ゆだ》ねられがちだ。

電話をかけてくる相手の名前は確かめよう。見知らぬ相手からの電話に出てはいけない。憑依《ひょうい》される可能性がある。

交信してくる者の多くは、自らが引き寄せている。自分の内面を精査し、用心深くあれ。龍が幸運を運ぶものと思っているなら、それは現世的な考え方。不幸の母体は常に幸運にある。幸運がなければ不幸も存在しない。もし自分だけが幸運になりたいのなら、あなたが引き寄せているモノもきっと利己的な何かだ。

龍を代表とする自然霊とは何か。自然霊と出合ったらどうつき合っていけばいいのか。この章では深く自然と感応している江原と秋山から、自然霊とのつき合い方について話を聞いていこう。

【対話3】
形を持たないエネルギー、霊的存在は私たちにさまざまな影響を与えている。

田口　さっき秋山さんに「龍とは何者ですか？」とお聞きしたら、「あれの一部は恐竜の集合的無意識だね」と言われて、目から鱗《うろこ》……というか。まったく考えたこともない視点だったので……。

秋山　恐竜は短い時間でも地球の覇者《はしゃ》として絶大な力を持っていたわけだから、その霊的エネルギーは今も残っているし強いですよ。

田口　江原さんは龍は自然霊と定義していますよね。自然霊とはどういうものですか？

江原　この世に姿を持ったことがない霊たち。私たち人間はこうして物理的に肉体を持っているけれど、この世には一度も肉体を持ったことがない霊たちがたくさんいるんです。龍、お稲荷《いなり》さん、天狗《てんぐ》などは自然霊です。動物霊とは違います。

人霊と自然霊は何が違うかというと、親子がない。霊は全部分霊《ぶんれい》です。アメーバみたいに魂が**分霊していきます。**人間はみんな親から生まれてくる。「こんなバカな子でもかわいい我が子」という情けがあるのは人霊だけで、**自然霊には情というものがないんです。**だから、お稲荷さんなど、うっかり祀《まつ》ると怖いよって言われるでしょ。あれは、分霊だからなんです。親のような愛情では守ってくれない。良いか悪いかなんです。ちゃんと祀らないなら殺すぞ、ってなことになってしまう。

田口　なるほど、お情けはないんですね。

江原　自然霊とつき合う時はよーく相手の性質を知らないと危険なんですよ。そしてね、**大自然の中で修行をしたりすると憑依されやすくなるんです。**虫も殺さないような慈悲の修行をしていた若者たちが「都合の悪い奴はポアする（殺す）」という残忍な考えになっていったのがまさにオウム真理教でしょう。あれは低級自然霊が憑依した時によく起こる現象。親子間、家族間にいろいろ問題のある人たちが、連鎖的に低級自然霊に憑依されていったのだと思う。

田口　低級があるなら高級自然霊もいらっしゃるんですね？

江原　頂点に立つ神の高位の高級自然霊があります。高級自然霊はものすごい叡智《えいち》を持っている。恐竜には叡智はないと思います。ただ、自然霊にはそういう低いレベルのものもある。

お稲荷さんって狐《きつね》じゃない？　でも狐は動物です。お稲荷さんは狐に似たような姿を私たちに見せている魂なんです。

関西ではよく龍神のことを「あっ、み（巳）いさま」と言います。白蛇が出ると「あっ、龍が」と……。ちょっと待ってよ、姿が違うでしょ「それはヘビです」とよく言うの（笑）。龍神様に卵をお供えしたりするでしょ、いやいや、龍は卵を食べない。「それ（卵を食べる）は蛇」。よく講座で「蛇はヘビ」「龍はリュウ」と教えます。自然界のエネルギーをあの姿に可視化させているだけです。しかも、龍って東洋だけです。西洋にもあるのは龍ではなく「ドラゴン」。似ているけれどちょっと違う。

田口　ドラゴンのほうが恐竜に近いですよね。

江原　恐竜もご眷属《けんぞく》的にホワーッと出てくるかもしれない。私も龍神を見たりするけれど、高級霊は白い仙人のような姿で出てくるほうが多いんですよ。だいたい霊視で見える時って、ホワーッと出てくる。結局、奥のほうは光だけで、可視化させようとすると翁《おきな》の姿になる。でも姿はそもそもない。魂だから。

田口　脳がその霊的なエナジーを感じて、適当に可視化しているという感じですか？

江原　そうです。

田口　自分たちの記憶とか、いろいろな情報をつないで見ている？

江原　**私たちが霊視とかしても、結局、自分がどれだけ可視化のための引き出しを持っているかなんですよ。**面白い話があって、最近みんな、世界をまたにかけてあちこち動くでしょ。だから、霊的世界の文化もかなり混じっているらしい。そのうち西洋で狐憑《きつねつ》きが現れたりするかもね。

田口　『鬼滅の刃』がアメリカで大ヒットしているので、アメリカにも鬼が出てくるかもってこと

ですね。つまり「可視化のためのアバター」として。

◆自然霊は、たくさんの顔を持つエネルギー

江原　熊野の神倉《かみくら》神社に行った時、あそこにむきだしの崩れた階段があって、「えーっ、ここを上っていくのは嫌だ」って言うのに、取材スタッフが「先生、写真撮らないとページつくれないから、ちょっと上ろうよ」って言う。小雨も降ってきて、「嫌だああ」と渋っていたら、自分の意識とは別に足が動いて、タッタタッタ上っていっちゃって、「キャー？　誰か止めてよ」みたいな。もの凄い勢いで。てっぺんまで上ったもの。

田口　それも天狗？

江原　途中で、おじいさんの霊が出てきたんですよ。だから、神がかっていたんでしょうね。そもそも天狗ってあれは韓国ですから。「妖怪大戦争」じゃないけれど、異形《いぎょう》のものは海を渡ってやってくる、あれは正しいかもしれない。天狗の文化は朝鮮半島のもの。日本じゃないの。でも長い歴史の中で文化交流が起こり、すっかり日本にもフランチャイズができた。あのね、天狗霊にも種類があるの。鼻の長い天狗とカラス天狗は全然違う。カラス天狗はかわいいよ。チョコボールのキョロちゃんみたい（笑）。高尾山《たかおさん》とか行くと、カラス天狗がいますよ。枝とかにキョロちゃんが3体ぐらい止まっている。「あっ、キョロちゃん」と思って（とても嬉しそうな江原）。かわい

い。頭襟《ときん》つけて山伏《やまぶし》みたいな恰好をして……。
田口　目が合ったら挨拶とかするんですか?
江原　「ハーイ」とかはしないけれど、それよりも頼む時がある。
田口　何を?
江原　山登る時、しんどい時、天狗霊に「お願い、頼む。助けてください」と言うと、足取りがすごく軽やかになる。タッタタッタって。自分の体重を忘れるような。
田口　便利ですね。
江原　そうですよ。住田《すみだ》（隆《たかし》）さんって、いるでしょ、人力舎《じんりきしや》の人。あの人と番組でご一緒した時に自然霊の話をしたら疑って信じないから。「じゃ、天狗さんに頼んでごらん」と言ったら、「えっ、足が軽い」と言って。「どうしてだろう?」とサッサと行っちゃって、後でみんなに「あれは本当なの?」とか言われて。そういえば箱根神社の前を通った時も天狗がいました。
田口　天狗や龍のような自然霊の本質は何ですか?
江原　一度も物質化したことのないエネルギーです。**物質化したことがないから、姿はない。なので、そのエネルギーを感じた各人が自分の持っているイメージで可視化するしかない。**
田口　誰かがあるイメージを持った。それが伝承されて、絵に描かれたりするうちに文化として定着していく……。で、みんなが同じイメージで見るようになる。そういうことですね。

江原　ロンドンではサタンを見ました。サタンというか、本当のサタンじゃなくて小さい変な自然霊。悪魔の絵があるでしょ？　あの悪魔の小さいの。それが寝ていたら、部屋で私を脅《おど》してくるわけ。だけど、全然怖くないの。「フン、ちっちゃっ」って言ったら、すっごく悔しそうに消えていった。

田口　普通なら怖がるのにって。なんだよ、コイツって思ったかな。

◆霊的に「良い食・悪い食」はあるのか？

田口　江原さんは最近「食が危ない」とご著書でずっと発信していますね。食料危機についても言及されていますし、食の安全についても大変に関心を持っていますよね。

江原　私は以前は、あまり環境のこととか食のことを考えずに、とても能天気《のうてんき》に暮らしていたんです。本とか講演で環境について訴えるようになったきっかけは、交霊会なんですよ。

新神戸でやった交霊会で降りてきた内容が全部「食べること」だったんですよ。米が食えぬ時代が来る、環境汚染が悪化する、それはもう、大変に厳しいメッセージがたくさん来て、びっくりしました。

それで、ホントにそれから改めたよね。生き方を。それまでと180度変わったよね。あの交霊会がなかったら、こんなこと言わなかった。あれは何なんだろう。だから、ある意味で、霊媒はすごく素直な人なんです。従順ね。向こうからそういうメッセージが来ると、もうぐうの根も出ない。受け取った後に必死で事実を探って勉強する。いやあ、もうこれは本当にそうだ！って ことに気づかされたら、絶対に自分を糺《ただ》す。糺すしかない。そしてそれを伝える。知った以上、伝えざるを得ない。それが霊媒なんですよ。

田口　食について考える時、無農薬の野菜が体にいいのは理解できます。では人が何を食べて生命を維持するか……は、霊的に見てどんな差が出るんでしょうか。

秋山　これの論争もいろいろあって、精神世界では長い間、菜食がいいとか、自然食がいいって、マクロビオティックとか叫ばれて長いじゃないですか。でも、それを踏み絵のようにする人たちはちょっと違っているなという思いがあって。事実、完全菜食の人たちが意外と僕の周りでは早く亡くなっているんです。

田口　菜食だから病気にならない、ということはないですね。

秋山　僕は基本的にお肉が嫌いじゃない。やっぱり霊的な意味でいうと、精気を持っている肉とそうではない肉がある。新鮮な刺し身とか新鮮なお肉、それも……。僕、一度、（奈良の）天河《てんかわ》神社で、朝、猟師さんが獲ってきた朝獲れの、冬のイノシシの肉を食べたんです。グリルで炙《あぶ》ると、脂がジュースのように、じゃぶじゃぶ出てくるんです。それが甘過ぎて、みんなで奪い合って飲んだんです。脂を。後にも先にも、それだけ脂を飲んだ経験なんてない。肉も、この世のものではないぐらい、おいしかった。だから、精気が宿っている食材と宿っていない食材は、自然だからとか、植物がいいとか、そういう問題でもないように思います。

田口　それは、その方がどういう気持ちで、動物を撃ったかとか、どんな風に殺《し》めたかとか、そういうものともすごく関係しているんじゃないですかね。

秋山　どういう因縁でここまで来るか。それを引き寄せる自分のありさまとも絡んでいて、ずっといい食材に出会えない心のつかい方をしている人も、正直いると僕は思うんです。

田口　それはただ無農薬で安全だからという問題ではないと？

秋山　ないです。たとえば、これが絶対に正しい野菜だ、他のものは全部害だし、毒だし、ダメだしと。そういう思いがあってつくられたものにはその念のベタつきが入りますから……僕は（個人的には）それを食べたくはない。

　薬を飲むのに新薬が嫌いだという人は、どうしても新薬を飲まなくちゃならなくなった時の副作用ってスゲエだろうなと思ったりもする。薬を飲むという姿勢においても、その薬のイメージを患者さんがどう捉えるか。お医者さんがどういう感情で出すか。儲けだと思って出すのか、本当に治したいと思って出すのか。それで変わってくる。

田口　さまざまなエネルギーが相互作用で奇跡的に今、ココにそれがあるということですね。

秋山　モノはモノだけで存在しないという価値観が、僕たち能力者のベースだと思います。

田口　霊的なモノはモノだけで存在しない。

秋山　心だけで測れるものがある。

田口　人間は自然の一部でしょうか？　それとも人間は切り離された特殊な存在であると感じますか？

秋山　僕は、人間は自然から一歩も出られないと思います。一般的に自然だと思われている野山を壊していくのも人間の自然体だと思うのです。それをまた途中でハッと気づいて、後ろめたくなって守ろうとするのも人間の自然体。

田口　でも、意識を持っていますよね？　人間は。この意識は、人間の特殊な働きとは違うのですか？

秋山　「万物《ばんぶつ》の霊長《れいちょう》」という言葉に、僕が長い間、反発心を持ったのは、人間だけが偉いわけじゃないという思いからです。意識をどれくらい意識して人間がつかっているか。

「動物霊は邪霊《じゃれい》である」と言う能力者がいると、ものすごく腹が立つ、今や狐憑きなんて貴重です、絶滅危惧種《ぜつめつきぐしゅ》だろうという思いがずっとあった。もちろん、習慣性に埋没させるような動物霊たちに関わると人生がキツクなる人もいるし、逆に動物の霊を味方につけて出世していく人もいるからね。**すべてひっくるめて自然って、色とりどりの霊の棲《す》み処《か》だよねって思う。**

田口　つまり、今ここに霊的な生態系が存在するということですね？

秋山　はい。それは間違いなく。

◆パワーストーンの正体

田口　パワーストーンのパワーを実感したことがありますか？

秋山　すごくあるし、石って、大先輩なんです。石は非常に個性的な意思を持っていて、「石の意思」と言うんだけど、**「石の意思」とは何かというと、すごく長い物質的な時間を教えてくれるのです。これは新鮮な安らぎなんです。**１０００年の静寂とか、２０００年水の底とか、そういう感覚って、人間はどう転んだって味わえない。

田口　湖の底で。１万年土の中とか？

秋山　その静寂が、入ってくるわけ、感覚として。だから、全然基準値のないものがインストールされる瞬間があって、石から。それは非常にロー（LOW）な世界だけれども、街で生きる上ではものすごく安らぐ。よく石とか金属を身に着けていると、「秋山君、ギラギラで」と言うんだけど、僕たちにとってはアクセサリーという価値観とはまったく違う。

たとえば、このブレスレット、自分で好きな石を本当に選んで吟味《ぎんみ》してつくるんです。もう3年ぐらい、これでないと嫌なんです。だけど、妖怪化してしまうと嫌なので、時々切ってバラして組み替えたりしているんです。だけど、やっぱり石が一番の先生だと思いますね。石は本当に

安らぐ。能力者によって、いろいろグラデーションはあるでしょう、性質もね。石がダメだという人もいるかもしれない。

僕は、ルチルクォーツという針入り水晶という石は、好きな水晶のひとつで、持つと、石の中では静寂よりも、どちらかというと快活になる石なんです。メノウなんかもやや快活になる。水晶系は、どちらかというと静寂よりも少し快活になって、外界と繋がりたくなる石なんです。もともと「祈りの石」という意味がクリスタルにはあるそうですが、ルチルクォーツなんかは、快活度が高い気がして。人によってはものすごく嫌う人がいるんです。ルチルを持つと割れちゃうとか、だから、相性はあるんだなと思います。

田口　パワーストーンなんかによく「この石は何とかの石」とか「何かを高める」とか書いてあるじゃないですか。あれって本当なの？

秋山　それはもう独り歩きしている感じはありますね、業界で。パワーストーンショップなんかあると、面白そうと思ってのぞくんだけど、スゲエ、ものものしい解説がついている。だけど、大きく分けて、たとえば、パワーストーンって、もとは造岩鉱物。そのメニューは、そんなにたくさんはないんです。組み合わせだから。

面白いのは墓石につかう花崗岩《かこうがん》、御影石《みかげいし》は長石《ちょうせき》と雲母《うんも》と石英《せきえい》が混ざった石です。それがあたかもごま塩のように見えるんだけど。長石の仲間はムーンストーンだとかラブラドライト、有名なパワーストーンがたくさんあります。石英が純粋結晶したものが水晶だから、水晶には何百種類もの種類があって、雲母が混ざると、サンストーンとか、アベンチュリンだとかキラキラした内包物をはさむ石になる、これもいろいろなバリエーションがある。墓石につかう御影石は、ありとあらゆるパワーストーンの素材を含んでいるとも言えるんです。

陶器もほとんど長石の粉でつくるんです。長石は非常に人間にとって意味のある石で、科学的にも影響力があるということが最近研究されています。

◆パワーアイテムは手放すタイミングも大事

田口　ウンチクはウンチクとして楽しんで、基本的には自分との相性を重視したほうがいいということですよね？

秋山　そう。あと、くれぐれも言いたいのは、**物の気《き》、「物のケ」とも言うけれど、物の気は、依存し過ぎて、「これがないといられない」ぐらいになったら、手放す。そうしないと妖怪化してしまう。**僕、自分が半分骨董屋をやっているんですが、なぜ骨董屋をやったかというと、最初コレクターだった。石とか骨董品とかコレクションしていると、だんだん部屋の霊的重量が重くなってきて、本当にうちの事務所なんかも2000点ぐらいのものが置いてあるんだけど、それでも夜11時くらい過ぎると、パッキンポッキン、ガッタンゴットン、音がする。走り回るみたいな状態になって、時々書類を書きながら「おい、静かにしろ」と言うと、し〜んとするからまた不思議なんです。

田口　ハリー・ポッターの世界ですね。

秋山　子供が怒られた時のようにし〜んとするんです。そしてまた少しずつにぎやかになる。

田口　ああいうファンタジーの世界観は、何かそのことを知っている人たちがいたんですね？

秋山　そう、今、ハリー・ポッターの映画を見て、「まあ、素敵」って、でも知っていないものを素敵とは思えないはずで、やっぱりどっかでそのイメージを持っているんだよね。集合無意識のレベルで、魔法の杖を見つけて魔法学校に行くって、経験があるんだろう。

田口　江原さんも、石に宿っている光を見るとおっしゃっていましたね。何を感じているのですか。

江原　エナジー。

田口　見え方としては、光？

江原　うん。光の場合もあるし、そうでない場合も。木霊《こだま》って、木に宿る、フワン、フワンって、木にこう、なんかこうフワフワしている。最初に木霊を見たのは、警備員のバイトをしている時。警備室の目の前にでかい木があって、暇な時にぼんやり見ていたら、いつも何かフワフワしている。「なんだろう？　コレ。目がおかしくなったか、それとも何か霊的なものかな？」って。師匠の勉強会の清玲会《せいれいかい》に行った時、「先生、こんなの見た」とお伝えしたら、「それは、木霊と言うのよ」って。

田口　この箸置きはどうですか？　木ですが、どう見えますか？（木製の箸置きをお二人に霊視してもらう）

江原　無機質なオーラもある、白い、ポヤーッと。クリーム色というか。遺体だって…生きている人と遺体は全然違うから。遺体は無機質なものだから。物と一緒。

◆人の念は物質に転写する

田口　でも、この箸置きも持っているんですね、エネルギーを。箸などに、長年つかっていた人のエネルギーが転写するようなことはありますか？

江原　それはあります。それを感知するのがサイコメトリー。イギリスに行った時、ネラ・ジョーンズという犯罪捜査の得意な霊能力者にいつも霊視させられたの。「ハイ」って、ペンとか物を渡されて、何が見えるか、何を感じるか、やってごらんって。こんな感じでとか、あんな感じでとか答えるでしょ、ネラは絶対に否定はしなかった、何を言っても「うん。うん」って聞いてくれて、「良かったよ。素晴らしい」って。結果はわからない。でもネラは、絶対「それは違う。あなたは間違っている」とかは言わない。「お、だいぶ力をつけてきたね」って彼女がコントロールしている。こういう指導の仕方もあるんだなって勉強になりました。正解とか、そういうことは言わない。それは、僕のもうひとりの先生、佐藤永郎《さとうひさお》先生(12)もそうだった。「先生、今、こうなったんですけれど」っていうと「さあ知りません」しか言わない。

田口　なんでだろう？

江原　「あなたに関わるガイドの人たちがあなたを育てているんだから、私は余計なことは言わない」という態度。これは寺坂先生もそうだった「私が指導できるのは、器をつくることだけですから。あなたをつかうかどうかは、あの世が決めることですから」。

秋山　僕には、先生がいなかった。だからけっこう苦労した。乱れた状態でサイコメトリーに入ると、どうなるかというと、たとえば、僕が失恋しているとする。失恋して酒のグラスを持つ。そういう時に限って、前に触っていた人の手の感覚がダブる。かなりベタついて、気持ち悪い。そうすると、前の人も失恋で飲んでいたなという、悪い感情のほうが先に入ってきて。ポジティブなイマジネーションのほうへ、少しでも有効な情報のほうへ追っかけていくというところに気がつくまで、すごく時間がかかった。一時期、手袋をしていた時期があって。物に触れるのが気持ち悪くて……。

江原　私も、いまだにダメです、コントロールがきかない。たとえば、今日、お芝居とか行くのでウキウキで、すごく楽しみで、行って、席についた途端に、すごく嫌になって。それで、「あっ、これ絶対面白くないんだ」とわかっちゃう。前の人のつまらなさが伝わってくる。悲しいでしょ？ もしくは、ここに座った人に嫌なことがあったか。それが椅子から伝わる。本当に自分で精神病かと思う。ウキウキだったのに、急にああ〜って。今日のすべてが台無しみたいな。

◈江原啓之にとっての信仰とは

田口 神道とスピリチュアリズムは、どういう繋がりがあるんでしょうか。日本では神道とスピリチュアリズムがくっついてしまっているところも多いし。でも、神道とスピリチュアリズムは別のものでしょ？ すごく近しい感じもある。

江原 私は神道をやっていましたが、神主としては過去形です。神社本庁からしたら、私なんか目障《めざわ》りでしょうがないと思う。私は神道がすべてだと思っていない。基本、イエス者。キリスト教者ではありません。イエス者。イエスを尊敬している。

昔、雑誌にも書かれましたよ。「神主とか言いながら、胸にクロスしてめちゃくちゃな男だ」と。もう、この人たち、何もわからない。物質界で、宗教以外はダメだみたいになって。そうではない。私はイエス者であって、キリスト教者ではない。フランチェスコ(13)を心から尊敬しているし……。

田口 イエス者って、いい言葉ですね。

江原　神道は、自然崇拝なんです。エナジー信仰。ハワイアンもそうですね。ハワイと神道はとっても似ていて、どちらも自然界のエナジー信仰なんです。風がバアーと吹くと、そこに風のエナジーを感じるから風の神。渦潮がバアーとあるから、そこに神が宿る。そういう自然崇拝が基本で、僕が定義する自然霊がベースにある。神社の杜《もり》は、「木に土」。木が三本の森ではなくて。これは、神籬《ひもろぎ》。土の上に木が当たって、鈴とかをぶら下げて、ここで交霊会をして神様が降りて、そうすると鈴が鳴る。だから、鈴木さんとか穂積《ほづみ》さんとか巫女の家系、神主が多いと言われる。鈴の木ってないでしょ？　鈴をぶらさげていた木のことなの。

もともと土とか山の上に神籬を立てて、木が1本あって、そこで神降ろしをしていた。社殿ができたのはうんと後の時代。もともとは木だけだった。神籬。神様が降りるところ。ハワイアンもそう。ヘイ・アウというのは、神社みたいな、要するに神殿。聖地。

秋山　自然は本当にダイナミックで教わることが多いですね。自然から教わろうというのが神道の本質ならば、……僕はそう信じているけれど、とっても高度だと思う。僕、世界中いろいろ歩いたけれど、日本はアイルランドの人たちとよく似ている。そこから出てきたラフカディオ・ハーンが、日本に来て「いい国だな」と言ったのは、すごくよくわかる。ヒモロギが素敵で、磐座《いわくら》が素敵で、太陽に神様がいますというだけの教えですから。神道はそういうシンプルなものだと思うけれど、やっぱり学問になって、大学ができて、思想があって、それを基軸にした天皇がいて、それに戦争があるみたいな話になっていくと、どんどん複雑に我々の社会を投影していってしまう。それが進化だと思っているところがある。
江原　確かに……。今、神道はとても社家《しゃけ》にこだわるんです。私みたいに社家でもなんでもない人間で神主になるのは大変。大学に入るしかなくて。そこで学問として神道を教わって資格を取る。でも、私が大学に入れたのは天の采配だと思います。いっぱい辛い目に遭いましたけれどね。だってほら社家じゃないと、イジメとは言わないけれど、疎外感《そがい》がすごいんで。
秋山　わかります。僕は大学院で宗教学を選んだ。宗教学は、宗教をする学問だと思っていたんですけれど、違った。宗教をいかに、ある意味、批判的過ぎるぐらいに逆照射して見る学問だった。学問の世界では、僕たちみたいなことを実践者と呼んで区別するんです。正直、あれが辛いのよ。稀《まれ》に実践者ですごく頭のいい先生がいて、客観的に弁論しても既存の学者を負かせるぐらいに論客《ろんかく》で、実は霊能の本も書いているとか。鎌田東二《かまたとうじ》さんなんか近いですね。山岳修行としてほら貝も吹くけれど、研究もやるみたいな方だから。
江原　鎌田さんの講義を大学時代に受けてます。授業で『風の谷のナウシカ』を観ました。面白い先生だなと思いました。
秋山　大学院に入学する時ね、「秋山さんのような人（実践者）を受け入れたのは、ある種の実験です」といわれた。最初はその意味さえわからなかった。学問の領域に実践者を入れることは実験なんですよ。20代の先輩たちに自分が書いた論文をガンガン突っ込まれ、それに反論しなきゃならない。そもそも能力者は反論することに慣れていないので。僕らは物事を区別せず融合させようとする。最初、一言も反論できなかった……。

◆宇宙からの訪問者

江原　秋山さんにお聞きしたい。宇宙人というのはどういう人たちですか？　いい宇宙人と悪い宇宙人がいるって聞いたんですが。それってどうですか？

秋山　地球人の視点、つまり僕自身の体験からすると、宇宙人は大きく3種類に分かれていて、それ以外はあまり複雑でないと思います。この3種類が、昔から妖精伝説とか精霊伝説とかが必ず出てくるんです。

1種類は4メートルぐらいのデカい奴。丸い金魚鉢みたいな帽子を被っていて、はずすと犬の顔をしています。後頭部が長い。これが1種類。もう1種類は小さくてアーモンドアイの、グレーの、明らかに爬虫類《はちゅうるい》、両生類から進化したような奴。もうひとつは、我々とあまり変わらない宇宙人。この3種類で、問題はアーモンドアイの宇宙人で、これはやたら数が多い。コンタクトする人も実は多い。今、全米で1500人に1人は宇宙人に直接会っているんですよ。統計的にはっきりした。損害保険の会社が宇宙人誘拐保険を売り出したので、それで統計を取ったら、

1500人に1人は遭遇体験を持っていたわけ。催眠にかけられて記憶を失っている人を含めたら、もっと多いだろう。日本でもだいたい同じぐらいいると思う。実は毎年、増えています。遭遇するほとんどがグレータイプと言われるアーモンドアイの宇宙人なんだけど、この人たちというのは、ある時代には、人を導く精霊として描かれたり、逆にヘビや魔物として描かれる。

悪魔みたいに耳がとんがったアーモンドアイ。実は彼らは、人の感情を理解するのが難しい。全員がテレパシーで軍隊のように繋がれているんです。つまり自然霊的なんです。ただし、彼らのいいところは、ひとりが大冒険して地球の果てまで行って、地球人を経験すると、全員が理解できる。

地球人はひとりの経験は全員でテレパシーで感受はできないんだけど、彼らはそれが当たり前。我々とかなり価値観が違っています。だから、彼らと接触した人たちも影響を受ける。たとえば、絵を描かせたら全部キュビズムみたいになってしまったりとか（笑）。多角的な角度で同時に見えてしまったわけですよ、モデルが。そんなふうに、周りから見るとおかしくなっていくんだけど、他人にはあまり気をつかわなくなるというか。なんて言ったらいいかな。自己啓発セミナーを受けて興奮している人の状態みたいな感じ。誰の言うことも聞かないけれど楽しそう。

田口　インドから帰って来たヒッピーみたいな？

秋山　そうそう、そんな感じ。「あらー何か言った？　いやあ〜」って。そういう感じ。宇宙人に同化しちゃってる。僕はそっちのほうの宇宙人に長く、何十年も接触していた画家の人を知っているんですけれど、その人は途中で目玉が飛びだして頭がデカくなって、本当に顔が宇宙人になっていった。絵はどんどん象徴化していって、波の上に十字架が浮いているだけの絵とか、電車の連結器だけの複雑な形を描《か》くとか。壊れながら感覚が透明になっていく。この世の定形を越えてしまう。

◆頼むから原発だけは止めてくれ

田口 その宇宙人は、どういう目的で地球に来ているんですか?

秋山 我々の目的の設定と違うんです。彼らは、見たいんです。自分たちとは違う進化の相手を。下等、上等の感覚はないの。地球人を平等に見ているんだけど、とにかく違うものを見るのが楽しくてしょうがない。僕がホラー映画を見るようなもの。楽しくてしょうがないから。みんなわくわくして見るの。

江原 「原発とか危ないよ」って警告してくれるのは、どのタイプ?

秋山 あれはヒューマノイドタイプで、我々の未来人が来ている。だいたい4000年くらい先から来ているらしい。アダムスキーなんかの事件を最初に起こした宇宙人で、本当に人間の恰好をして出てくる。

田口　金髪の女性とか？

秋山　そう。だから、あの人たちは「悪いけれど、頼むから原発だけはやめてくれ」と言う。そして地球の未来に愛がもっと必要と言う。自分たちの生活にかかっているとも言える。過去人である我々の先祖供養に来ているから。未来から見たら、そうでしょう。

田口　もう1種類の方々は、どんな目的で来ているんですか。

秋山　デカいほうは、地球にほとんど来ない。昔来て、どうも巨石のいろいろな作り方を教えたふしはある。

江原　なんのきっかけ？

秋山　彼らは、不時着したんです。本当は地球に辿り着く予定ではなかったし、干渉を与える予定でもなかった。そもそも宇宙全体の雰囲気からすれば、宇宙人は地球人に干渉してはダメだよと。ここはオオサンショウウオだからさ、というのがあるんです。でもグレータイプの奴は、盛んにインプラント（皮膚の下に埋め込む人工物）を入れて観察してみたりとか、「いいじゃん、痛くないんだから」と。俺たちのことは気にしなくていい、俺たちも気にしないからという感じ。本当にそう。だから、面白いです。

江原　レプテリアンはどうですか？

秋山　レプテリアンは、いま言ったグレータイプの途中型がいるわけです。爬虫類から頭を大きくし進化させて二足歩行する。中間の奴らがいるんです。二足歩行をしているんだけど、狩人の恐竜の形が残っていて、恐竜の本能が強く残っているんです。ただ記憶力が非常にあって知性はある。大学教授並みの知性があって、恐竜の獰猛性《どうもうせい》もある。スタートレックの新シリーズに恐竜っぽいのが出ているじゃないですか、武官で。非常に好戦的なんだけど平和的な地球人のことも勉強しているみたいな。ああいう感じなんだけど、やはりいるとは思います。だから、ドラゴンの流れがひとつあって、あと犬と言われた流れがひとつあって、その人たちが、昔、地球人と交わって、交流をした記録が我々の記憶の中にも残っています。

◆高級車に乗ったレプテリアン

江原　僕が何年前かな、10年ぐらい前なんですけれど、ニューヨークに行ったんです。ニューヨークで、メトロポリタンオペラへ。ちょっと時間が早く終わったの。メトロポリタンオペラから出て道のところにいた。けっこうああいうオペラハウスってパトロンがいっぱいいて、黒塗りの車がバンバン来て、ボックス席を買っているような大金持ちが通るんだけど、そこで信号見たら、黒塗りが来た。何とも言えず僕にとってはなんか時間が止まるぐらいのことがあって、そこに女性、おばあさんが乗っていたんです。でも目がトンボの目だったんです。目がトンボの目で、金持ちなんだろうけれど、魔女っぽい感じのおばあさんが出て、こっちを見てヒィ～ッて笑ったんです。それが自分の中では、本当に、いまだに仮説はいろいろあるんだけど、わからない。

秋山　ドラキュラの語源ドラゴニア、いるんです、昔から。めちゃくちゃ金を持っていて、未来予想もできる。

江原　金持ちの中にいるのね。

秋山　島関係の王族だけの閉じた金持ちグループ、クラブ・オブ・アイルズという、だいたい資産だけでもフリーメイソンリーより大きいかも。いくつかの秘密結社の首領クラスにはどうもへンなのがいる。僕が言うと、余計にオカルトになるので言わないけれど、どうもいる。そういう人たちは。

田口　江原さんが見た人も？

秋山　そう思うよ。また黒塗りのヘンな車で来るのよ。オーソドックスなデカいので。昔ながらのベンツとか。リムジンとか。

江原　黒塗りのリムジンで、スーッと。信号で、こっちは止まっていたんですから、向こうで。まるで、あたかも自分を見ようと思っているかのように、止まって、こうやってヒィ〜ッて。

秋山　存在していることを見せるだけで十分ですからね。

江原　トンボの目なんですよ。

秋山　初期のＵＦＯ研究の時代にアルバート・Ｋ・ベンダーという人、研究者としての彼がレプテリアンに遭遇するわけです。黒服にサングラスかけて歩いていて、アメリカ人として現れるんだけど、突然目の前で恐竜に変わるの。奇想天外な話で、話を捏造《ねつぞう》するにしてもめちゃくちゃなんですよ。最初の頃、実はメン・イン・ブラックって黒服の途中でトカゲに変わる3人男がやたら現れる。初期の報告は、1924年にあり、1965年には、ティモシー・ベックリーという研究者が写真にもおさめている。

田口　ほんとうにいるんだ？

秋山　黒い高級車で写真を撮っている人もいるんです。街角で待ち構えて、高級車の横で3人。同じような白塗りの顔をしているんだけど。

田口　それは、江原さんに自分の存在を見せつけたかったの？　この人が能力者だとわかったから？

秋山　いるよって示せれば十分なんだよね。彼らは。

◆江原にも知らない世界がある

江原　僕がいくらこの仕事をしていても、トンボの目のヘンなおばあさんがヒィ〜ッと笑ったなんて人に言って得することは何もないわけ。だけど、インパクトがものすごい。今まで霊なんて山ほど見ているけれど、霊よりインパクトが……。だってトンボの目だもの。おばあさんがヒィイーッと笑うという。僕はそこから時間が止まってしまって、ニューヨークで。でも一緒にいた人間はみんな見ていないんですよ。

秋山　僕が最初にそういうのに出会ったのは、（東海道本線の）藤枝《ふじえだ》駅。昔、駅のベンチって、背中合わせで両面あった、木でできていて。そこに座って、うちに訪ねてきたUFO好きの研究仲間と一緒に話し込んでいた。「いやあ、でもさ、研究費用を出すのは大変だな。どうやって食い扶《ぶ》持《ち》出していったらいいかな？」みたいな話をしていたら、後ろからニュッと、舌がぴーっと裂けたヘンな黒ずくめのオヤジが、本当に白塗りのピエロみたいな感じでサングラスをかけたオヤジが急に後ろに出てきて、「食い扶持なんかいくらでも稼げるよ。権力と仲よくすれば」って言って、消えた。ふたりでびっくりして、なんだろう、あの人って凍りついた、気持ち悪いし。それで後ろを恐る恐るのぞき込んだら、誰もいない。他にも客はいたけど、全然見ていない感じだった。不気味でした。

江原　霊界がどうというよりも、広いんだな世界は……と思う。わからないことっていっぱいありますね。

summary

3章のまとめ

江原は妖精（フェアリー）も自然霊だと言う。小さな霊魂で、木や草や花などに宿り、自然を守ろうとしている。江原が見た木霊もフェアリー。

背後霊の中にも自然霊はいて、人間に強い影響を与える。もともと人間の魂の始祖は自然霊で、背後霊の中の自然霊にも霊系があるそうだ。龍神が背後霊にいる場合は龍神系、天狗霊なら天狗系、稲荷霊なら稲荷系。背後霊の系統が人間の個性として強く現れることがままあるという。

以下簡単に江原の言う霊系統別の個性を説明する。この特徴がすべて背後霊によるとは言えないが、このような霊系統を類魂《るいこん》として持っているという目安にしてほしい。

龍神系　気が強く、おおざっぱ、気前がよく親分肌。出かける時は雨のち晴れになることが多い。
天狗霊系　やや偏屈、有頂天になりやすい芸術家肌。お天気屋。
稲荷霊系　せせこましく、お金好き、立ち回りがうまい。出かける時は晴れが多い。

江原　自然霊も人間と同じ、現世で人間の魂の成長に役立つことによってより透明な神となるために人と関わっています。なので、安易に自然霊を呼びだして私利私欲に利用しようとするのは自然霊にとっても迷惑です。そして、何度も言いますが**自然霊には肉体がないので情というものがありません。ちゃんとお祀りしないと怒り、霊障によって知らせようとします。自然霊には敬意を払い、くれぐれも注意して誠実につき合ってください。**

サイコメトリーのメカニズム

物体に残る人の残留思念を読み取ることをサイコメトリーと言う。電磁波を読み取っているという説もある。人間は指紋のようにそれぞれ固有の強い電磁波を発している存在で、その固有の電磁波は在席したあと30分間は感知可能だという実験結果が出ている。また、犬は匂いではなく人間の電磁波に反応しているという説もある。

サイコメトリーの能力は考古学の分野で発揮されてきた。遺跡から発掘した石器の破片などからかなり正確に当時の人々の生活を描写したことで、考古学における可能性が示唆《しさ》されている。

霊的な情報が、いったいどこからやって来るのか。秋山と江原は、情報ソースが違うようだ。江原の場合は霊界、または守護霊から受け取っている情報が多いようだが、すべてが霊界からというわけでもないらしい。秋山のインスピレーションも情報の発信ソースは明確ではない。無意識の奥深く、集合的無意識から得るのか、アカシックレコードと呼ばれるものから得るのか。

本人たちも情報発信源に関してははっきりとわからないようだ。霊、宇宙人、自然霊、石、植物……それらの波長が出す複数の情報を受信しそれを使い分けているのではないかとも思われる。

私たちもふだん、本やテレビ、インターネットとさまざまな質の情報を得ながら総合的に判断をしている。霊的な情報も周波数のような違いがあり、ひとつではないのだろう。彼らは霊的な情報を統合して翻訳する希有《けう》な才能を持っている。

ただ、その情報がいつも善であるものから送られてくるとは限らない。

それは、ネットのＳＮＳと同じだ。自らの魂で精査していくしかない。

宇宙人やUFOとどう向き合うか

秋山は宇宙人の存在を肯定する。自身も宇宙人からUFOの操縦の方法を習ったと公言している。宇宙人に関して言えば、ジョディ・フォスターが主演した『コンタクト』という映画が、宇宙人の実体によく迫っていると秋山は言う。そう聞いて『コンタクト』を観た。面白い映画だった。だが、宇宙人が何者かは残念ながら理解できなかった。

秋山は（一部の）宇宙人は未来人で4000年ほど未来から来ているという。実際に宇宙人からのテレパシーでさまざまなヴィジョンを見せられている秋山の宇宙人に対する見解は大胆で緻密《ちみつ》である。しかし、これに関して私はまったく個人的な見解を持つことができない。宇宙人もUFOも見たことがないからだ。非常に残念なことだが、私は幽霊すら見たことがない。なので、秋山や江原の話をどうしても信じられないという人たちの気持ちも理解できる。

2011年に『アルカナシカ』『マアジナル』（共に角川書店）という作品を発表した。この2作品は「UFOと遭遇した人たちのその後の人生」がテーマで、多くのUFO遭遇者に取材をした。ふたり以上で複数回、UFOを目撃している人たちにターゲットを絞り、話を聞いた。そのＵＦＯも流れ星のようなセコい大きさではなく、巨大シャンデリアのようなＵＦＯを目撃した例を探し取材した。家族で、仲間と、ＵＦＯを目撃している人たちは存在する。自分が見たものをどう理解し納得してよいかわからず悶々《もんもん》と苦悩し続ける人が多かった。子供の頃から繰り返し何度も遭遇する人もいた。家族４人で遭遇したという父親は、今もＵＦＯの謎を追い求めている。それはなぜ自分に現れたのか？　目的は何か？　目撃者はそれが知りたい。

取材を終えた以降、ＵＦＯは存在する、という肯定論に立っているけれど、私はいまだに見ていない。

江原がこの対談の最後に語っている言葉が、真実だと思う。能力者の江原をもってすら、この世は「わからないことばっかり」なのだ。

精神世界を探求する者は、起きたことを起きたこととしてありのままを感じ、観察し、深く考察すること。それを、楽しむこと。ただそれだけ。

4章

「霊的思考」と「人間社会」のバランス

――スピリチュアリティを生きるための智恵

科学者と霊能者との親交

いきなりだが、哲学者カントの話をしたい。

イマヌエル・カントは18世紀を代表する世界的な哲学者。近代に最も強い影響を与えた哲学者（の一人）であると断言してよい。歴史の教科書にも登場する。

なぜ、ここでカントが登場するのか。だってカントは精神世界にとって重要な哲学者だから。


「ねえねえ、カントって知ってる？」

哲学科の友人に聞いてみた。

「ああ、啓蒙《けいもう》思想ね」という答えが返ってきた。

「カントは、啓蒙思想の影響を受けて『純粋理性批判』を書いたんじゃなかったっけ？　啓蒙思想ってなに？」

「まあ、わかりやすく言えば、科学的根拠のないオカルト的な考え方を取り除いて、人間を理性的な存在にしましょう、っていう近代の考え方ね」

「なんか、感じ悪いな……」

「でも18世紀のヨーロッパでは流行ったのよ。それでフランス革命が起きたくらいだからね」

オカルト、まさに本書で扱っているような内容である。どうやら18世紀の知識人たちにとっては、科学を振りかざして「オカルト」を否定するのがカッコよかったらしい。「悪魔だの、幽霊だの、そんなものをいまだに信じてらっしゃるの？　まあ、時代遅れだこと」という感じだったのだろう。なんだか現代とあまり変わらない気がしないでもない。

このような近代思想の夜明けの時代にあって、突然に前述したスウェーデンボルグのような、霊能力者が現れたわけだ。時代の持つ両極性を感じる。

実は科学の黎明《れいめい》期を生きた哲学者カントは、視霊者《しれいしゃ》スウェーデンボルグと深く関わりがある。秋山眞人を批判する大槻義彦《おおつきよしひこ》教授のような浅薄《せんぱく》な関係ではない。なんとカントはスウェーデンボルグと文通をしていた。

カントは、こんな考えを持っている人だった。

「人間には持って生まれた知的な能力がある、たとえばそれはリンゴが木から落ちるのを見て万有引力を発見するような能力であり、その結果が正しいかどうかも理性で判断できるのであるからして、形而上学《けいじじょうがく》的な思考を始める前に、その知的な能力（理性）が扱える範囲を設定しようではないか」

さらに、カントはそれまでとは180度違った認識論を提唱する。これぞまさに近代の礎《いしずえ》となった認識論。カントまでは「リンゴがあるから私はそれを受け入れている」と考えられていたのだが、カントは「人間はリンゴ自体を認識することはできない。あなたがそう見るからそれはそのようなリンゴなのだ」と説いたのだ。これぞコペルニクス的転回！

オカルトと科学を相対的に捉えたカント

カントの考えたことは、精神世界を旅する上でとっても大事。めんどくさいけれど、じっくり考えてみよう。

人は見たいようにリンゴを見る。

ということは、人間が認識できないことは哲学できない。よって、人間の理性が扱える範囲を決めようってなわけだ。それを吟味《ぎんみ》したのが『純粋理性批判』という有名な一冊。実は『純粋理性批判』は、視霊者スウェーデンボルグの影響を受けて書かれたものなんだ。びっくりでしょう？

啓蒙思想が吹き荒れ、「やっぱ、科学でしょ」と知識人たちが大合唱していた時代。カントはスウェーデンボルグの霊能力にマジでビビった。多くの知識人が調べもしないでイカサマ呼ばわりする中、彼はスウェーデンボルグに手紙を書いて本人を徹底調査。

その結果として、**霊の問題を「哲学の俎上《そじょう》には乗せるべきでない」と、証明を放棄。その後10年かけて、人間が考えることのできる限界を考察し『純粋理性批判』**を書いた。

なーんだ、結局ビビったのか？　って思うかな。ちょっと違う。

ぶっちゃけて言えば、カントは当時の知識人に喧嘩《けんか》を売った。

インテリ諸君、そもそも形而上学（哲学の一分野・思惟《しい》や直感によって世界の根本原理について研究しようとする学問）だって空想のお伽噺《とぎばなし》みたいなもんじゃないの。されば読者よ、理性の詭弁《きべん》、たとえば「科学的」なんていう言葉を盲目的に信じて検証もせずに騙《だま》されるのは、霊界の話に騙されるよりもほんとうにカッコいいことなんですかね？　と。

知ることの限界を設定したくせに、カントはずっと「限界の向こう」について考えた。晩年近くは芸術家が幻覚妄想で作品を創造することについて「ガイスト」という概念を提示する。「ガイスト」……これは日本語では「精神」と訳される。

信じるも、信じないも愚かしい偏見である。　　カント

【対話４】
スピリチュアリズムは現実の社会を変えられるか？

江原　僕がなぜイエスを信奉するかというと……。神道は教えがないですから。教義はない。自然崇拝ですから。だから、神主たちの中で霊などを信じない人は「神道は文化だ」とおっしゃいます。日本文化だと思っている。歴史とか、文化とだけ。……情けない。だって信じていないんだもの。歴史ばかり語っている。

ここだけの話ですが「神様なんていないんです」と言う宮司もいらっしゃいますから。ほんと、いろんな方がいますよ。天岩戸《あまのいわと》のお話だって「あれは、ここに生きていた夫婦が夫婦喧嘩をして、奥さんが岩屋に入っちゃったんです、それで、ヌードダンサーが踊ったら、面白くて出てきたんです」という説明をされる方も……。全部が全部じゃないですけれど。

スピリチュアリズムも教義がない。霊界通信(14)によってメッセージ〈霊訓〉が来るだけ。実はスピリチュアリズムの基はイエスだと言われています。

田口　そうなんですか？

江原　だから、スピリチュアリズムの霊訓はちょっとキリスト教っぽいでしょ？　キリスト教徒ではないのだけれど。イエスっぽい。スピリチュアリストならイエスの言葉はすごく理解できる。ただそれは、教会に通う人たちとは違う理解の仕方なのです。

たとえば奇跡が起きて魚がすごい数になってしまう現象などは、心霊的にはアポーツとして説明できるわけです。つまり「物品引き寄せ現象」ね。物体が時間と空間を超越し、物質の壁を通り抜けて瞬間的に移動する心霊現象として説明できてしまうわけ。教会に通う方たちはそういう考え方はしません。

でもね、イエスって物品引き寄せがすごいんです。ワインとかパンとか出しちゃうでしょう。ヒーリングに関してもそうだけど、イエスは病人を治したり、死人を生かしたりといったこともしている。すごい能力者なわけですよ。

そのイエスがなぜみんなから反感を持たれたか。「自分で治せ」と言ったからです。あまりにもみんながイエスの力に頼ってすがってきた。その人たちに対して「自分のことは自分でなんとかしなさい」と言った。それで民衆の怒りを買った。民衆は奇跡だけを期待して、その期待に応えないイエスに腹を立てたんです。

だからね、イエスの生き様にはものすごく共感します。もちろん私はイエスの足下にもおよびませんけれど、イエスの言葉を大事にしています。宗教ではないんです。秋山さんはどうですか？

◆宗教と向き合うということ

秋山　僕は改めて宗教を勉強したら宗教がわからなくなった。それぞれの宗教の原始形態がよくわからない。要するに、古いところを遡《さかのぼ》ると、みんな同じになる。仏教も神道もキリスト教も。イエスなんか洞窟《どうくつ》で説いていたわけで、お釈迦さんだって、いったん魑魅魍魎《ちみもうりょう》の世界へ行って、こっちに戻ってきて悟ったみたいな。一杯のお姉ちゃんの粥《かゆ》が良かったみたいな。すごく人間的な座標に回帰する。あの世の際まで1回行って、人間という座標に帰る。この死と再生というパターンは、彼らの共通の通過点に見える。

僕らといっていいのか、**スピリチュアルがある程度わかると思われる人たちは、みんなどこかで死と再生を経験しているわけ。いったん、自分の若い時に死んで、もう一回新しく生まれ変わるような経験を。**僕の場合、それはＵＦＯの接触体験と、喘息《ぜんそく》だったんだけど。

江原　能力者あるあるですね、喘息。私も喘息持ち。

秋山　だから、宗教が分かれていくことが自然の業《ごう》だとすれば、それこそ包括的にものを考える、カオスをカオスのまま受け入れることと、バラバラに科学的に分析してしまうこと。絶対に向こうは違いますというのは、実は合理主義的な考えなんです。それもくっついたり離れたりする。キリスト教でも、絶対に神々《こうごう》しい世界は、ガラスの天蓋《てんがい》に覆われていて、はるか彼方にあった。

それに対するアンチテーゼとして、14世紀のルネッサンスのあたりから、そういう世界と実はこの世は繋がっているんですという話から、スピリチュアリズムが注目された。天地がひっくり返る現象です。

日本でも、幕末期を迎えて、天皇しか神々と交流できないはずだったのが、一般大衆の中にも、黒住《くろずみ》、天理《てんり》、金光《こんこう》、大本《おおもと》と……。大本たるや、神と繋がる人がフランチャイズを始めてしまう。鎮魂帰神《ちんこんきしん》の法をやれば、きみも修行数日間で……みたいなことになっていくので。それはそれで、国にしてみれば、いまいましかったんだと思う。むろん今の大本はもっと体系化された教義になっている。

僕はね、両方の気持ちがわからなくもないです。たとえば僕たちが集まりをやっていても、秩序を乱す質問だけをする奴と、「秋山先生、今度の本、誤字が3か所もある」って最初から言う奴がいて、逆にそいつに向かって「そんなこと、どこで調べるんだ」と怒る奴がいる。どっちもワアワア言うばっかりで収拾がつかなくて、結局僕が「ごめんなさい、私が悪いんです」と言うしかない（笑）。

だから、**分けてしまうクセと分けないクセのバランスでしか、僕たちは自然というものを捉えられないんです。人間は自然の一部だとも思うんだけれど、むき出しの自然が怖いんだよね。**むき出しの命とか、むき出しの森とか、むき出しの神だらけとか。そういうものがやっぱり怖い。

スピリチュアルに憧れてガンジス川に行ったら、上流から死体が流れて来て、ギャーッと言って、二度とインドへ行けなくなる人がいるわけだよ（笑）。

田口　それもあるあるですね。

◆前兆（サイン）を読む

秋山　我々の世代で「言霊《ことだま》」という言葉がよくつかわれるけれども、言霊は広い概念を内包してしまっているから難しい。定義が。

しかし僕がよく不思議だと思うのは、1964年、東京オリンピックの年に、最も流行った言葉は「新型コロナ」なんですよ。トヨタ自動車の新車です。マジです。

田口　それはびっくり。

秋山　もっとびっくりしたのは、五輪組織委員会会長の森喜朗《もりよしろう》さんが追い詰められて辞任を表明する数日前、自衛隊の潜水艦そうりゅうが大型タンカーに衝突しました。森さんは昔1年ほど首相をやっていましたが、辞任する前に、やはり、えひめ丸と米原子力潜水艦が激突している。まったく同じシチュエーションなんです。軍用潜水艦が民間の船にぶつかるなんてそうある事件じゃない。まったく同じシンクロしている。不思議な現象ですね。言葉が連鎖するというか、言葉が意識を動かして呼んでしまう。逆に霊が最初に言葉を象徴としてもたらすのか。時間を超えているから両面あるように思うけれど。卵が先かニワトリが先かで、霊的世界はそれが混在するからね。どっちもあったりする。

田口 時間を超えていくというのが。

江原 ある種、そうなんじゃないですか。時間を超える。だって現実世界だって、宇宙のことだけではなくて、コントロールスピリット（支配霊）というのは、先々を見ているわけじゃない。未来が見えている。だから、そういうことはあるんじゃないかな。

田口 何か思いがけない出来事が起こる場合は、何らかの前兆、サインがありますね。一度そのサインを見逃しても繰り返しあって、それをずっと見逃し続けた時に、トラブルに巻き込まれたりする。

秋山 おっしゃる通りです。サインって、しつこいくらいに起こります。

田口 サインで、今も記憶に残っているのが、4年前にフランスのパリへ行った時のことです。最初は、成田空港へ向かう電車の中で10万円入った財布を拾って届けた。次は成田空港でなぜか気になって無印良品のポーチを買った。その次は、パリのホテルのロビーで娘を待っていたら、近くにいた日本のツアーの添乗員が「みなさん、貴重品は必ずホテルに置いていってください」というのを聞いた。今日は気をつけよう、と思ったのに、結局、地下鉄のエレベーターで財布を盗まれました。パスポートもポーチに入っていてトホホでした……。

秋山　それだけサインを無視し続けるのもすごい。僕なんかも、そういうシンクロニシティが続くと、わざと反発して、後でひどい目に遭ったりします（笑）。

田口　その旅行に行くモチベーションもまずかった。私の中のボタンの掛け違いみたいなものがあって、それを見つめて直そうとしなかったから、自分の過ちを、潜在意識からしつこいぐらいに教えられたんですね。

秋山　それは、死と再生のようなもの。サインがわかって自分のすべてを委《ゆだ》ねるのか、あるいはサインに対抗して自我を主張するのか、その両方を経験する必要はあると思う。

田口　もともと旅行へ行くモチベーションが低いからサインに気づかない。そして財布を盗まれて、大使館まで行ってパスポートの再発行をお願いしていろんな人に迷惑をかけて……、日本に帰ったら、拾った財布の持ち主から、お礼に2万円もらいました。

秋山　最後の帳尻は合ったわけだね。

田口　その時は、もうサインを見逃したり、我を張り続けるのはよそう、と深く反省しましたよ。

◆意識の束を外す

秋山　人は環境の中で、いろいろなシグナル、サインを感じていますからね。アメリカで一時期流行ったサイエントロジーという宗教団体は、トラウマを取り除く技術、価値観を持っていました。たとえば、手術で麻酔にかかっている時や気絶している時に、周辺で聞いた音が本当のトラウマになる場合があるとよくいわれています。つまり、意識が朦朧《もうろう》としている時に最初に聞いたものがタブーになったり、逆に潜在能力のスイッチを入れるキーワードのマントラになったりするのです。なぜそういう違いが生まれるのかはよくわかっていませんが、どうも意識とは別に、潜在意識だけの好き嫌いがあるからではないでしょうか。そういう意味でも、**潜在意識とよく対話する、精神世界でよく言う、ハイヤーセルフと対話することが大事だと思う。**

田口　ハイヤーセルフって潜在意識のことですか？

秋山　すべてがイコールではないけど、ダブっていると思います。

田口　よくいう「霊的ガイド」というのも同じもの？

秋山　あれもダブっていると思います。昔は、ガイドをするスピリットを主に支配霊と呼びました。霊と交信する時の場を仕切る司会のような役割をする支配霊のほかに、守護霊、先祖霊といろいろ分かれています。

田口　歴史的、時間的、血族的、遺伝子的、民族的みたいな感じで（笑）、霊にもいろいろあるし、レイヤーもたくさんあるんですね。

秋山　人は意識や人格をひとつだと思っていますけど、そうではありません。いろんなチャネルがあって、いろいろな意識、人格がひとつにまとめられている束《たば》のようなものです。個人を超えたトランスパーソナルとは、個人の意識、人格が一度バラバラになって、それぞれの持ち分がはっきりしてくることです。統合失調症は人格が分裂しているとか言われますが、それは自然な機能だと思います。人間が危機管理のうえで、一時期、意識の束を外して、それぞれを別々に働かせなくてはバランスがとれない危機的瞬間がある、ということです。

◆秋山にとっての「神」

田口　先祖って、江原さんの得意分野ですけれど、先祖たちは私たちに何を望んでいるんですか。私たちと先祖はどういう関係なんですか。

江原　というか、僕も50も半ば過ぎて、だいぶ人間として悟ってくるんだけど、「あっ、そうか」と思った。あのね、先祖とかいうけれど、**先祖は基本的に、「執着はないから好きにやったら」というのがあると思うんです。それよりも、「こういう轍《てつ》は踏むなよ」というメッセージのほうが強いですね。**私たちも、生きていても、30年前の恨みつらみって、まあ、もうあまりないですよね。解けてくる。寛解《かんかい》するというか、もう死んで、いつまでも恨みとかはないんです。それよりも、達者でやれよ、同じ轍を踏むなよ、というメッセージのほうが強いと思う。

田口　秋山さんにとって神様や先祖というのはどういうものですか？　そもそも神様はいると思いますか。もしいるなら神という概念は、どう定義しますか。

秋山　僕、能力に目覚め始めた頃に、神だけは受け入れないようにしようと思っていたふしがあって、とにかく宗教がほんとうに嫌いだった。なぜ嫌いになったかというと、僕自身が迷って、当時いろいろな宗教団体が流行っていたので、のぞきに行くと、最初は「面白いね」と言ってかわいがられるんだけど、スプーンを曲げて見せたりすると、そのうち教祖とか支部長に嫉妬されて嫌われる。子供心に、大人の事情がすごく嫌で。だけど、すごく受け入れてくれて教祖にかわいがられた宗教もいくつかあったんだけど、なんとなくみんな窮屈《きゅうくつ》じゃんと思って、どうも神を信じる人たちは窮屈というイメージがあって、神という概念とものすごく距離を置いていたし、事実、神や仏に向かおうとすると、調子悪くなるみたいなこともあったんです。

田口　調子悪いというのは、どんな風に？

秋山　身体的にダメなんです。僕の守護霊たちが、どうもそういう概念からしばらく僕を隔離《かくり》していたと思えるんです。だから、神の問題とか霊の問題、仏性《ぶっしょう》の問題など、宗教の中で古くから語られているテーマに関しては、僕の場合は、ゆっくり学習していった感じなんです。しかしそれが功を奏《そう》して、今も安易な宗教は好きになれないけど、たぶん誰よりも神様は好きだなあ。

田口　それはまたどうして？

秋山　感じるからです。

田口　神を？　どういう風に？

秋山　僕の先祖たちは僕をどう教育したかというと、今までの宗教観にまみれないようにさせて、最初は嫌わせて、体験させせたんです。やっぱり、とんでもない時に、まったく予期せぬ時に、たまに女子たちのお手伝いをして人参《にんじん》を切っている時に、突如、強烈な神概念というか、外にいるとんでもない意思なんですけれど「こんにちは」みたいな。本当に、普通の所作をしている時に来る。

それは、ゾワゾワッとして、理由がなく感動する。ポロポロ泣いたりとか、本当に開いた口がふさがらない。全身の毛穴が開くというか。そういうことを何度か経験したんですよね。2~3回経験して、一度故郷にある樹木に触れた途端、そうなったんだけど、生きているんだか死んでいるんだかわからないぐらい、完全に物質的な垣根がわからなくなる状態で、強《し》いて言えば、透明な空間にポカンと自分が浮いているんだけど、自分の体も見えない状態。神の中にいるなという実感だけがあるんです。意思の中にいるというか。

だから、明らかに（神は）いると思っていて、ただ疑問はいくつかある。だって、伝統的に言われているような神のような存在であれば、なんでもっと人間を助けてくれないんだ？　とか、でも人間だけを助けるわけもないかなど、いろいろなことを考える迷いはある。でも、確かに入神状態というか、トランスパーソナルとか、いろいろな言い方があると思うけど、その瞬間は、何も要らなかった。我欲《がよく》が消失するという瞬間です。

田口　その状態でなぜ神は外部にいると感じるんですか。
秋山　う〜ん、ここにはないからだよね。ここに比較するものがないからですよね。超越性、絶対性は最初から強烈に入って来る。彼方にいるものが今、距離、時間、空間をまったく無視して、向こうの意思でこっちに来たのを感じるんです。こっちの意思では求めていないから。人参切っているわけだから。やっぱり強烈ですよね、神というのは。
だから、こういうものを昔の人は奇跡と呼んだんだろう。だから、そういえば、奇跡を経験したと言えるかもしれない。だから、何かの時には、彼らがまた訪ねてくるんだろうとは思います。
田口　明らかにそれは外部なんですか。自分ではない？
秋山　でも感じているのは自分だから、自分でなければわからないよね。だから、自力、他力がループしてしまうんだけど、「宇宙即我」と言うしかないな。
田口　絶対に神と私の一対一の関係にはなれないんですね（笑）。
秋山　ダメです、ありとあらゆる隔たりが消えてしまう。
田口　そこを体験できるっていうのが、うらやましいです。

◆アフターコロナを担うのは「自分」

田口　誰もが気になっていることだと思うのですが、霊的な視点から見て、アフターコロナの社会はどうなると思いますか？

秋山　脅《おど》すのはなんだけど、**僕は江原さんが感じる危機感（食の安全、環境の問題）に同意する面が強い。真っ先に来るのは、コロナ明けの精神状態の変調だと思う。**たぶん中央線が（飛び込み自殺者で）何度も止まるだろうと。今でも、株価が下がるたんびに止まる。みんなが精神的などん底を経験する。でも、**そこから何かを変えなきゃって。変えるのは、自然発生的に運動が始まるかどうかなんです。とりあえず変えてみようぜ、と。どういう結果になるかはわからないけれど、変えてみよう。**全共闘だって、スピリチュアルだってみんなそう。とりあえず変えてみようぜ、今までひどかったじゃないか。霊性とか、神を背負っている……とか、そういう問題に対して新しい運動が出てくる予感がしています。

田口　新しい精神的なリーダーになるような方が現れるのかもしれないですね。

秋山　ハリー・エドワーズ(15)だって、イギリスのホランドパークの公園だっけ？　毎日ヒーリングをお金も取らずにボランティアでやるということを時間を決めてずっとやり続けたことによってスピリチュアルが認められるわけですよ。そこまでやるのは大変にしろ、なにかみんなで運動が始まらないかという気はする。

江原　ランディさんがおっしゃったことにひとつだけ反論。それはダメなんだと思う。「誰かが～」というのが。

田口　誰かが、ではなく私がやる、ということですか？
江原　私はこの先に来るのは破滅だと思っているけれども、秋山さんと一緒で、最後まで、死ぬまで希望を持っていなくてはと思っている。だから、熱海で畑をやっている。沼津で田んぼをつくって米を採っている。
もうダメだと思うなら、やらなくてもいいわけだけど、それをやっているのは、やって見せるため。姿を見せる。こうやって私たちは（自然に）戻るんだよ。戻ったほうがいいよと。悔しいのは、苦しいのは、私たちは、ランディさんのように「希望になると私は信じる」と、思っても言ってはいけない立場ってこと。きっと秋山さんと江原さんが言っているから大丈夫だよ、となるのが世の中。
秋山　もともと緩《ゆる》んでいるけれど、もっと緩むという気がする。それがピリピリするぐらい怖い。
江原　そうなの、ランディさんは、私の本を読んで（読者を）「脅《おど》し過ぎじゃないですか？」とおっしゃっていたけれど、お父さん、お母さんは脅すものなの。「食べないと、大きくなれないよ」「食べ物を粗末にするとバチが当たるよ」。それが親でしょう。脅さないといけなかった部分がやっぱりあると思う。
私や秋山さんって、どこかそういう意味で、お父さん、お母さんになって言わないと、いけないと感じている。「辛《つら》くても布団から出なさい」って。

◆何を信じ、何を捨てるか

秋山　今年驚いたのは、狭い庭で植物をいろいろ育てているんだけどね、今まで絶対に丈夫だと思っていた梅とかサルビアとか、超強い植物が、今年全枯れしだしたんですよ。ものすごい危機感がある。あと虫がものすごい勢いで卵を産んでいる、今。花粉がものすごく飛んで。つまり、植物界では生き残り戦略が強烈に始まっている。花粉が飛ぶということは、ヤバイぞって植物がシグナルを何千倍も出しているということ。

これから大事なのは、ネガティブだと退けていたものを、きちんと生活の中で受容できるか？ってことです。**苦労を買ってでもしろとは言えないけれど、苦労とは何だ？　問題意識とは何だ？とか考えるようにする。そして、その先に何があるか？を見ようとするアプローチぐらいはやり始めないと、何も始まらないのかな。生活が変化する。生活の変化という奇跡の面白さは感じられるはずだ。**

僕は誰でも奇跡の瞬間を起こせるとも思っている、心をちゃんとつかえばね。やっぱり植物が、僕らに教えてくれている気がする。異様な生き残り感覚を出している。今まで安全だ、安心だと思っていたものが全滅する……。

日本にとっていま一番キツイのは、アメリカが訳わからなくなってきたこと。アメリカが弱さを見せてきた。幻想だったとはいえ、アメリカが強いと思って、「あそこは西部劇だよね」って。単純に山のように問題があるトランプだけど強いじゃんって思っていた、ついこの前までは。それがまったく塗り替えられるぐらいにアメリカの弱さが露呈《ろてい》してきて、ここにきて人種問題？そんなに平等主義アメリカはダメだっけ。

何を手放して、何を再びしっかり摑《つか》むか？どういう命綱を摑むか？あみだくじ争奪戦は始まっている。

江原　どうせダメになって滅びて地獄入りとか言ったって、死は誰に対しても平等に安らぎなので、そんなにいきり立って言う必要もないんだけど、でもやっぱり、私はどれだけガンで死んでいった人を見たか……。「無念だ。無念だ」「苦しい、苦しい」って。ですから、**受信したことを伝えないと、と思う、言うのが愛だと思っている。**

ですからね、嫌われ者の代表みたいなことをやっているのね。恨まれても、怒られても、言うしかない。あのね、乳ガンになる人の多くが毎日牛乳を飲んでいるっていう。今ね、まともな牛乳はほとんど出回らない。牛は繫がれていて、ホルモン剤を投与されて毎回妊娠させられるわけ。エサは遺伝子組み換えで、いろいろ入っているものを食べさせている。それを私たちが食べてまともに育つと思えないじゃないですか。独身の女の子で両方の乳房がガンになった子がいる。乳腺外科の南雲《なぐも》（吉則《よしのり》）先生が乳製品の摂取の影響を懸念している。全部がダメと言っているのではない。戻せばいいだけなんです。戻せば。みんな自然のものを食べたいと思っている。楽観視している人たちは科学がなんとかしてくれると思っている。

秋山　あまりにも精神世界で言われ過ぎて、麻痺《まひ》しているんだけど、やはり科学信仰の綻《ほころ》びがリアリティを生んできた。原発もそうだし、たとえば酪農という問題も、農業の中で最も補助金が出ないのが酪農。だから、当然はしょった。構造的な問題が大きい。

江原　昔のSF映画で、まるで今を予言しているかの、プラスチックでつくられたような食べ物を食べて、年寄りはベルトコンベアみたいな……、

秋山　『ソイレント・グリーン』(16)ですね。あれは予言的。あの頃の映画。この前の3・11の時も、都心から歩いて帰って来る人の群れを見て思いだしたのが『日本沈没』。そっくりなの。もう1回観たけれど、まったく同じ光景。みんないったん駅へ行って、電車が動いていないのを確認して、ずっと1日歩いて帰ってくる。あの頃の映画って、あらゆる可能性を、逆に映画で問題提起して、それをエンターテインメントとして受け入れていたってすごい時代だなあ。人間の生命力が強かったんだと思うんです。食べ物を含め、いろいろなものがちょっと弱まっているなという気はします。

江原　倉本聰《くらもとそう》さんが言っているけれど、安楽死とかも、まさにあの映画(『ソイレント・グリーン』)みたいな安楽死なの。年寄りはもう死んでいきますから、みたいな。姥捨《うばす》て山みたいなことを考

えて。何か予言的な映画だなと思って。

田口　当時は、そんなことあるんかいなって思っていたけれど。

江原　でしょ？　それがもうあと何年？　5年くらいでその岐路が来るわけでしょ。その時にみんな、お尻に火がつくのかな？　それで国会中継見ていたら、総務大臣のあのふてぶてしさ。もうこの国はアホじゃないかと思う。

◆破滅を回避するために、できることをする

秋山　僕の場合は、僕の役割をたんたんとやるしかないなと。

江原　私もです。

秋山　僕はすごく人に振り回された人生だったなと思うんです、メディアも含めて。そこをちょっと審神者《さにわ》して、僕の場合は何を審神者しなければいけないかというと、どこに効率良く力を注いで、どこに変化の意味を刻めるかということで、僕は本を書くしかないなと思っていました。今、すごい勢いで本を出しています。今まで自分が培《つちか》ってきたものに、さらに学術的な調査を加えて、長らくみんなに読んでもらえるような、のちのち入って来た人が、スピリチュアルってこういうことだとわかるような、しっかりした本を出していきたいと思っていて。へろへろになるまでやっている。

江原　その本が大事なのと、秋山さんはいろいろ振り回されてきたとおっしゃるけれど、でも秋山眞人さんという不動の地位を持っているんです。影響力と言ったほうがいいのかな？

秋山　ある人に「かつらを脱いだ浪速《なにわ》のおばちゃん」って言われたことがあって、性格が浪速のおばちゃんのようなな。

江原　秋山さんの言葉は、普通以上に、スピーカーとしての役割が大きいと思います。

秋山　何か頼られると放っておけない。なんやかや言いながらね。がっかりくるのはね、相談に乗っちゃうじゃん。2回目、「この前、ここまでやってくれましたよね」って言う人がいるんです。要求当然。要求上等みたいな人が。辛《つら》いなあ〜と思って。昨日も大変だった。精神的に不安定になって僕の電話に20回ぐらいかけてくる人がいて、久しぶりに戸惑ったなあ。それに応えながら、ああ昔、ずっとこういうこと（個人カウンセリング）をやっていたなあと思いだしたり。着信拒否すればいいんだけど、出ちゃったりするんだよね。

江原　わかる。

秋山　いい意味でも悪い意味でも、変わりようがないんだけど。

江原　業が深い。心を鬼にして。でも脅したところで効き目はないですよ。テレビでも雑誌でも僕、2020年は破綻と崩壊ですって言っていて、言ってもみんなスルーしているんだから。それでいて今になって「本当にコロナになって破綻と崩壊ばかりになりましたね」って。そんな感想、求めていないんですけれど……。

秋山　コロナで悪い意味で、鍛えられちゃっていますね。

江原　そう。だけど、ここまで現実逃避が進むのも大丈夫かな？　昨日、東京に行ったら、すごい人だった。

秋山　ま、これからは、現実適応という楽しいアフターコロナが待っています。

summary

4章のまとめ

私たちは色であって色でない、音であって音でない……という、そういう感覚をなかなか認識できない。よって、非物質的な世界を説明されても、どうしても物理世界のイメージをだぶらせる。どこかに境界があり、分化していると認識する。

秋山はよく「ベタつく」などの感覚的な言葉をつかう。いろいろな場面につかうが主に「思念がそこにべったりくっついている」という意味でつかわれているように思う。もちろん思念だけではないのだろうが、なにかしらの人間の思いを表しているようだ。

このように秋山や江原は、色に音を感じたり、音から触覚を刺激されたり、言葉に肌合いを感じたりする共感覚の持ち主だ。

人間は外部からの刺激（感覚）を統合してバランスを保っている。共感覚の人はこの感覚統合の抑制は弱いと言われている。なので複数の感覚を同時に感知したり、感覚を伝える神経が混同されたりするのだ。

能力者は、感覚の統合がゆるく、共感覚の人が多い。そのほうが、非言語的で曖昧《あいまい》な情報をキャッチしやすいからだ。

時として彼らの表現が詩的、文学的なのもこの共感覚を苦労して言語化しているからである。

江原は霊界からのヴィジョンを受けとったあと、猛烈に自分で調べて勉強する。江原に見えているのは「破綻と崩壊」であり、これから社会環境も自然環境もよりいっそう厳しくなっていくと語る。それは江原の書いた『あなたが危ない！』に細かく書かれている。私はこの本を読んで江原に「少し読者を脅かし過ぎではないか？」と疑問を呈した。ノストラダムスの大予言を子供の時に読んで、40歳で世界が終わると思っていた少女時代があり、滅亡予言には懐疑《かいぎ》的だ。

実際に江原に会って話を聞くと、実に細かく取材研究をしていた。特に食に関することは、農薬の問題から種苗法《しゅびょうほう》の問題まで、実態を精査しその考えを自身のホームページに発表している。思わず、江原さんって社会派なんだな、と思ったほどだ。

これから気候変動による食料危機が来るのは予想できる。プラスチックや化学肥料などの化学物質が人体に深刻な影響を及ぼすのも予想できる。が、悲しいかな私には江原のようなリアリティがない。だから私は行動しない。不都合な現実はスルーする。どこか他人事《ひとごと》なのである。幻覚よりも曖昧な日常を自分は生きていると思う。

まずは感じる。そして精神を開拓せよ

同時に私は25年前から田舎町の海辺に移住、都会と距離を置き生活している。野菜は自然栽培野菜を取り寄せ、下痢をするので牛乳は飲まない。リアリティがないくせに、こういう生活を選んでいるのは、頭ではなく潜在意識が危機を予測しているからだと秋山は言う。「直感的に察知して行動している人っているんですよ」と。

多くの生活者は、案外と無意識に危機を察知しているのかもしれない。

秋山　これまで無自覚にとってきた行動を人々が意識化するターニングポイント、それがアフターコロナです。

秋山は、実に飄々《ひょうひょう》としている。その淋しげで飄々とした態度は一貫している。クールというのではない。このまま進めばどうなるか、破滅を諦めつつ「未来は変えることができる」とも信じている。ただ、多くの人は未来を知ることに夢中で、変えられると思っていないことが秋山には淋しいのかもしれない。この日常の〈異常性〉に心底びっくりし、なんだこりゃ～と、わくわくしながら緊急事態の「今」を楽しめば、未来は変わるのに……と。

秋山はよく言う。「考えなくてもいいから、まず感じてみろ。自己啓発本に頼るな。感動しろ。びっくりしろ。世界はまだ何にも解き明かされていないことに気づけ。謎だらけだ。自由になって精神を開拓しろ！」と。

驚きの目で世界を眺めれば、破滅と融合できる。破滅と一体になれ。だが、時として社会はそれを狂気とも呼ぶ。

5章

「憑依現象」はなぜ起こるのか

——見えないけれど一緒に生きている人たちの事情

憑依は、人間が霊を引き寄せて起こる

江原によれば、今の時代は自分が自分ではいられなくなる「憑依《ひょうい》の時代」だそうだ。憑依なんて言われるとおどろおどろしくて怖いかもしれないけれど、憑依は精神世界の大切なキーターム。この章では一緒に「憑依」について考えてみよう。

憑依現象に関しては秋山も深く関心を持っている。精神病や原因不明の腫《は》れ物などは憑《つ》き物によることが多いと言い、その落とし方を現役の医師に指導している。医師によれば、実際に秋山の言う通りにしたところ症状が消えて驚いたそうだ。

憑依現象は映画やテレビドラマではよく登場するが、現実にあるのか？と疑わしく思う読者も多いはず。

まず重要なことは、霊能者の江原や秋山には人間に取り憑いている憑依霊がかなりはっきりと見える（イメージ化できる）ということだ。見えてしまうのだから、能力者にとっては紛《まぎ》れもない現実である。

彼らには、一般人に見えないものが見えている。そのことを前提に話を進める。

私たちが生きている現実世界は霊的な世界と重なって存在している。これは前述した通り。だから、ここには死んでも死にきれない……という霊がたくさん存在し、それは一般人が想像する以上に多い。

あえて幽霊トンネルにまで行かなくて、そこかしこに霊はいて、さ迷っている。

また、形を持たない自然霊の中でも低級な霊たちも自然界の中に潜んでいる。

そのような霊たちは、人間がネガティブな考えになっていく時に、ずっと縁のある人間に引き寄せられる。

さらに言えば、江原はよく「憑く霊が悪いのではなく憑かれる人間が悪い」のだと言う。**霊に取り憑かれてトラブルや病気になった場合、それは自分の魂がより学び、より輝くためのひとつの試練であると言う。**

さ迷っている霊たちは「類は友を呼ぶ」で、自分と似た波長を出す人間に引き寄せられている。よって自分の波長を高くしていけば霊は離れる。

確かに、霊は形がないぶんふわふわしている。喩《たと》えて言えばモヤのような状態。身近に強い波長（ネガティブな感情）を出す人間がいたら、生きている人間の感情のねばねばに引き寄せられていくのは想像できる。

そのようにして、私たちは図らずも、さまざまな霊の憑依を受けている。特に生まれながらに霊媒的な体質を持っている人は、憑依されやすく、原因不明の病気や不定愁訴に悩まされたりする。

なんとも摩訶不思議な憑依の世界。

まずは、憑依現象についてふたりの対談を聞いてみよう。

【対話5】憑依はなぜ起こるのか どう対処すればいいのか

秋山　生のオーケストラを聞きに行くでしょ。あ、あのふたり目のチェロって、指揮者を殺してやれと思っているな、って入ってくるんです。……それだけを拡大して拾う。もう気になって音楽どころじゃない。感情が募《つの》ってくるから。

江原　わかる、この人、絶対に悪いこと考えてる、とか。

秋山　殺気立っているし、みたいな（笑）。

江原　だから、楽しめないのよね……。私の場合、そういう体験を何度もして、自分が苦しいから後付けでコントロールを勉強する……、すべてがそんな感じでしたね。他人の感情に振り回されて生きるのがとても嫌だった。そうそう、つい先週で『5時に夢中！』の番組の出演が終わり、晴れてテレビから自由になった。やはりテレビに深く関わっている時代は疲れました。だって、まったく質が違う人たちと接して仕事をするわけですから……。

秋山　わかりますよ。敏感になり過ぎると、3日後の予定が決まっているだけで、今がもう重い。そういう感覚が来る。予定が決まって、どれだけ疲れるかが見えるからね。すっとハートに入ってくるわけ。時間の概念がないというある種の能力は、面倒くさいです。

江原　それで太っちゃった。

秋山　僕もそう！　食べるしかない。ほんとうだよ。

田口　食べるとどうなるんですか？

秋山　楽になる。

江原　食べると血液が回るから、ハーッとなる。気分が軽くなる。泣くよりもいいじゃない？　そうするとSNSとかで、「江原は太っているのは霊のせいとか言っちゃってる」なーんてさんざん書かれちゃって（笑）。でね、スピリチュアル・ダイエットというのを始めたの。それが何かって、人が食べる時間に食べないの。

田口　それがダイエットになるんですか？

江原　誰かが食べていると念波が来るから。お昼とか「食べるぞ～」となってしまう。ビュッフェとか行くと「食べるぞ〜」となる。自分は「今日は食べない。食べないからね」と言っても、周りが食べる気満々だと「食べるぞ〜」となっていってしまうわけ。わざと人が満腹の頃の時間、1時過ぎとかを狙ってお昼を食べる。そうすると、みんなが満腹で、食べるぞという念がないから。自分はそれだけ食べなくてすむ。

秋山　霊媒は極端な人が多いね。

江原　霊媒はホルモンのバランスがあるから、すごく極端に痩せているか、極端に太っている人が多い。

田口　なるほどそう言われてみれば……。

秋山　中国の気功師も全部そう。太極拳とか武術の人たちもそう。ものすごく太っているか、痩せているか。僕もピークの時、119キロあった。『笑っていいとも』とか、ダウンタウンなんかと半年やったけど、その頃ピークで、タモリさんに「秋山さんって体型が殿様ガエルみたいですね」って言われて。怒れなかった自分がいる。

江原　僕も秋山さんに最初に会った頃、とんでもない肥満でしたよ（笑）。

◆「日本が自然霊化する」の意味

江原　宗教と宗教団体は言葉を分けたほうがいいって思う。宗教は、理想でしょ。宗教団体、宗教法人というと、政治とか企業の違う思惑が入ってくる。霊能者って、そろばん勘定のできない人たちがほとんどだから、純粋に理想を追おうと思っても、団体になると、そうはいかなくなる。なぜかっていうとね、霊能がある人たちは、ものすごく憑依を受けやすいの。

超能力で犯罪捜査に協力してきたクロワゼが「犯罪者に関わる霊たちが自分に睨《にら》みを利かせるから怖い」っていう言葉を残している。それと同じで、もともと霊能がある人たちはわかっていても憑依を受けていく。

田口　江原さんは「宗教」が「組織化」すると、それはもう宗教ではなくなってしまうと考えていらっしゃるんですね。

江原　オウム真理教事件、あれもね、教団として暴走し、信者の方たちの多くが自然霊に憑依されたのね。あの頃、スピリチュアルなことがブームになって、守護霊や前世という言葉が子供たちの間でも普通に交わされるようになっていったでしょ。昔、佐藤永郎《さとうひさお》先生が、「これから日本は自然霊化する」と言っていたけれど、本当にそうなっていった、って思った。

田口　憑依がそんなに日常的に起きているとは思っていなかった。そういう視点で見たことがなかったので新鮮です。

江原　前にも言ったけれど、自然霊は肉体を持ったことがないものたちだから、親子の情とか、そういう血肉の繋がりがわからないんです。ところが、**普通に暮らしている人たちもだんだん自**

然霊的になってしまって、親なんてどうでもいい、家族なんて、親子の絆なんてと言って、親は親で、子供に対してどれだけしたら返してくれるという、お金儲けができる子がいい子になってしまっているでしょう。

私のような霊能者としての霊視からすると、そういう風な時代背景がオウムをつくっていったと感じる。

音楽はチープ、全然高度ではないです。あんな「彰晃《しょうこう》、彰晃」って。それまではグレゴリオ聖歌から始まって祈りとか、西洋音楽、クラシックはみんなそうですから。もとはと言えば、信仰からきているもので、美術もステンドグラスとか、絵画とか、「真善美《しんぜんび》」がありました。

オウムの場合は全部が安っぽかった。食も貧しい。それからあのヘッドギアは、霊気に何か作用があるとすれば、人霊的な部分を抑圧する、要するに低級自然霊化するものだと私は思っています。低級化を促進したのでしょう。

◈家族問題と宗教トラブルの関係

秋山　そこは、ものすごく重要な視点です。信者さんたちはあの教祖や先輩たちに、親子、兄弟を求めたい。つまり、宗教の戦後の成立は、家庭の核家族化と反比例しているわけです。〝肉の家庭〟が滅んでいく。〝肉の家庭〟がよくわからなくなっていく。そのプロセスの中で家庭を宗教に

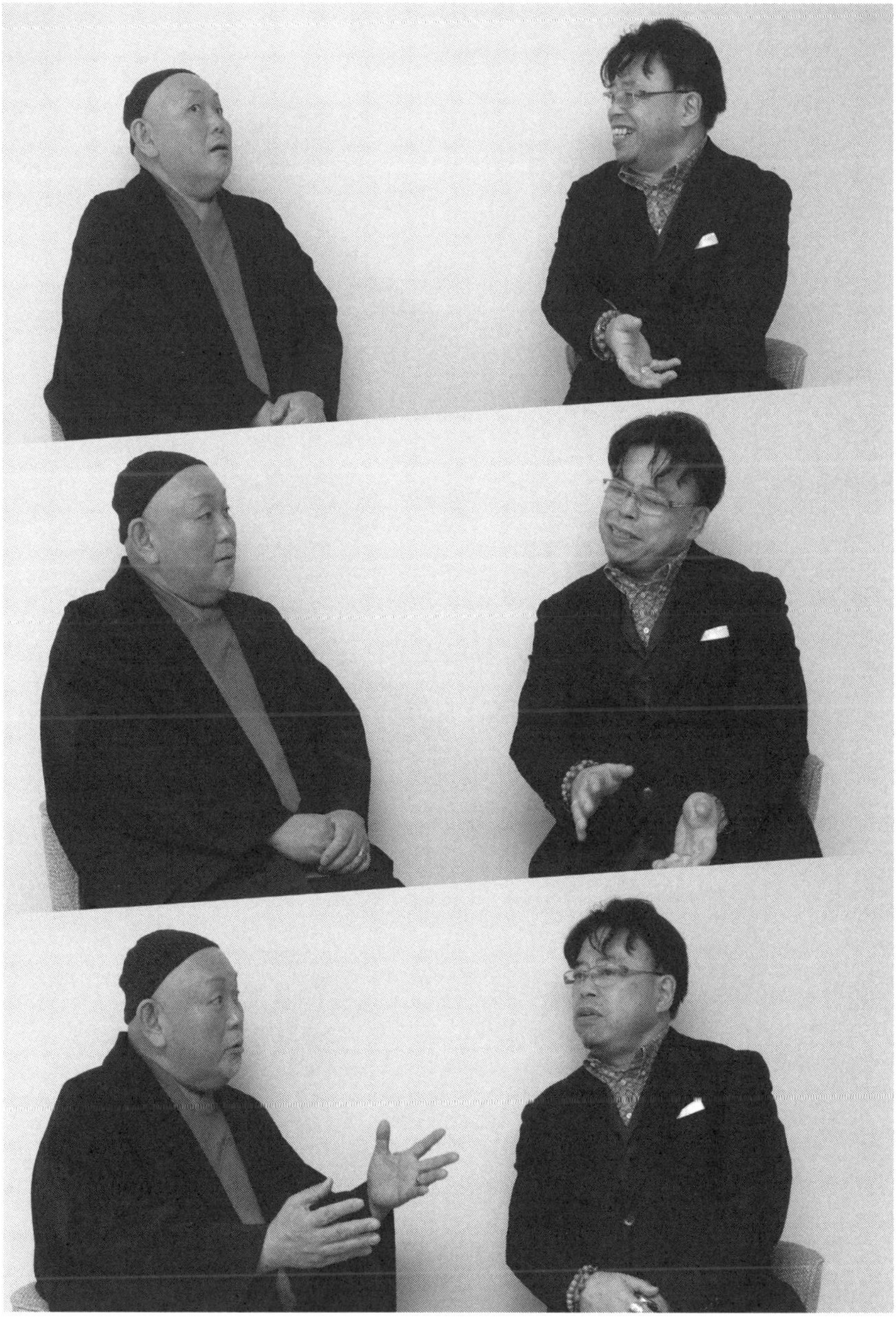

求めた。

そうすると、お父さんのような父性性の強いヒゲを生やしたのが「いらっしゃい。お前、苦労してきたな」と、こうなるわけです。

巫女《みこ》さんみたいな方だと「よくいらっしゃったわね」と母親のように受け入れてくれる。僕たちもまだ若かったけれど、スプーン曲げとか超能力問題で、天下の朝日新聞がぶっ叩くような状態で、社会を敵だと思っていたから、僕たちはその頃、けっこう宗教邂逅《かいこう》していることが多かった。いろいろな教団に行ってみる。すると、家にくつろぎに行くように、受け入れてくれました。

ただ信者側の視点とは真逆に教団運営のプロたちは、いま言った自然霊化するというか……。

「何人来たでしょ、全員にタワシ売ると全員でいくらでしょ」みたいな話になっていくわけです。

江原　秋山さんがおっしゃったことはもっともだと思うのは、オウムにかかわらず、新興宗教の最初の信者獲得は、孤独で淋しい人たちの家族になることから始まりますから。

秋山　協同組合ですね。

江原　そうそう。だから、みんな離婚のことから家族ゲンカに至るまで相談しに行き、だんだんと……。

秋山　家族を求めてくる人たちと、そういう弱さに沁《し》み込んでいく自然霊的なもの……。僕はその哀しみを見るのはツライ。僕は教団嫌いの神様好きなんです。教団にはさんざん関わってきて、

「自分がGO出すから宗教持ってくれ」と銀行に頼まれたこともあります。実はオウムが出た頃って、みんな教祖になる人を宗教屋さんが探していた時代なんです。あの頃、みんな急に金持ちになって教祖になる。宗教を持ち回っていた。

江原　それ……冗談だと思ってたけど。私も誘われた……。

秋山　ただね～宗教は、引き受けてしまったら、後ろからコントロールされて大変なの。教団の建物もある、銀行もついている、議員さんもついていて「さあ、どうぞ今からやってください。ただし、信者はいないので強制布教やってください」という教団はゴロゴロあったなあ……。そういう教団って教祖を使い捨てたりね。ひどいの。あの頃の雰囲気ってあるじゃん。独特の……。

◆自力であの世に行ける人、行けない人

田口　死者の供養って、今は迷信だと思って、そこにあまり重きを置かない人が増えていると思うのですが、死者を供養するってどういうことなんでしょうか？

江原　死者は、死んだ人によりけり。たとえば、自分が死んだら供養は要らない。行ける、自力で。要するに、**供養というのは何かというと、霊的世界への説得。だって「そんなものあるもんか」と言って死んでいった人が、いつまでもさ迷うんだもの。**

田口　要するに、あの世なんかねえよ～みたいな。

江原　そう。墓場で、なんで幽霊が出ると思います？　墓場に幽霊はいないんだから、ほんとうは。墓場にいるものだと思っちゃう。今の話とは逆に、すごくこだわる人がいるでしょ？　自分の墓を先につくっちゃって、ものすごくこだわって、ああいう人はずっとそこから離れませんよ。執着ですよ。自分がつくった墓。それで「墓参りにも来やしない」となって。

田口　そういう人は墓で待っているわけですね。

秋山　わかってちゃん、かまってちゃん。霊からすれば、生きている人間を助けるのが仕事なんですよ。ほんとうは子孫を助けてあげなければ、そうしないと彼らも如来菩薩《にょらいぼさつ》にはなっていかないのだから。

田口　じゃ、そういうわかってちゃんやかまってちゃんをあの世に行かせてあげるのが供養ということなんですか？

江原　そうです。だから、親の背を見て子が育つと言うでしょ？　供養は真逆なの。要するに、子の姿を見て親が育つ、だから子供が説教してあげないといけない。

田口　いい加減に親父、行ってくれよ。もう死んだんだからねって。

江原　でも、共依存《きょういぞん》が多くて、死んだばかりのお父さんに向かって、「とにかくうちの息子を頼みます」みたいな。就職をなんとか〜とか、死んだお父さんじゃなくて神社に行って頼みなさいって。そんな墓にずっとしがみついているような霊に向かって「お父さん、頼みますよ」と言ったってね。共依存で、ごちゃごちゃになってしまう。

秋山 自力他力は人間の永遠のテーマだからなあ。

江原 だから、墓も要らないという具合のサバサバしていたほうが。だから、よく「私は独り身なので、誰も供養してくれないんですけれど、大丈夫でしょうか」と相談されると、「いや、そういうあなたはひとりで行けますよ」って。誰も供養に来てくれないとわかっているんだから、死んだら「さあ、行かなきゃ」って、速攻で。ヘタに「渡鬼」みたいなお母さんが一番困るわけ。

田口 渡鬼？『渡る世間は鬼ばかり』の泉ピン子さんのお母さんみたいな。

江原 そうですよ、自分の葬式とか見て、大きいわね、これしか出さないとかね（笑）。

◈酒乱も憑依の一種

田口 うちの父は酒乱で、お酒を飲むと人格が変わったようになってしまう人でした。顔色が真っ青になり目が吊り上がって暴言を吐き、そう、ほんとうに低俗で下劣なお金の話ばかりするんです。父はガンで亡くなったんですが、正直、ガンという病気のおかげで父と和解できたと思う。あれが脳梗塞《のうこうそく》でぽっくりだったり、酔っぱらってドブに落ちて亡くなったりしていたら、私はずーっと酒乱の父の姿しか記憶していないと思うから。あれも憑依の一種なんでしょうか。

江原 お酒を飲んで人格が変わってしまうのは、あれは憑依ですよ。

田口　なぜ憑依されるんですか？　やっぱり父の考えがネガティブだったから？
江原　んー、というかね、**憑依しているのはたいがい、自分の身内なのよ。まったくの赤の他人が憑依するってことはあまりないのね。だから、たとえばおじいさんとか、ひいおじいさんとかで、酒が好きで成仏できていない人がいて、その人が憑依していることが多いの。**
田口　あれはおじいちゃんだったのか？　いや違う、おじいちゃんが生きている時も父は酒癖が悪かったから。では、ひいおじいちゃん？　うーん。
江原　いくら仏前にお酒を供えてもらっても死んだら飲めないから、憑依して飲もうとする。だから二人羽織《ににんばおり》で飲んでいるわけ。
田口　霊と二人羽織！　うわー。
江原　でね、飲んでトランス状態になっていると憑依しやすい状態になるから、そうなると周りにいるいろんなものを引き寄せてしまうわけ。
田口　複合憑依ですか！　狐《きつね》も狸《たぬき》も寄っといで状態！　なるほど、「酔う」と「寄る」は似ていますもんね。そうなった場合は、どうしたらいいんですか？　対処方法はないんでしょうか？
江原　難しいけどねえ。泥酔して寝ている時に、コップ酒を枕元に置いて「おい、これを最後に飲んでとっとと出て行け！」と怒鳴るしかないわね。
田口　しつこい憑依霊には恫喝《どうかつ》ですか。それでも、コップ酒一杯を置いてあげるところが、江原さんはやっぱり優しいです……。どこかで霊の気持ちを汲んでいますものね。

◆UFOによる意識変容

田口　秋山さんは、秋山さんのUFO初体験が、何かの憑依のように私には感じられます。秋山さんはUFOに憑依されたんじゃないか？と。その時のお話をしてほしいです。

秋山　中学生の頃ですが、ちょうど自然とのとろけるような一体感を持っていて……同級生からは孤立していました。テレビで観たあとUFOを呼びたくなって、夜、庭に出てUFOを呼んでいたんです。

田口　どうやって、呼んでいたのですか？

秋山　アイドルやスターに会いたいというのと同じです。「わかる、わかる、ここに僕がいるから、会いに来て」って。何時間も祈り続ける。そのうち、疲れてそのまま寝てしまったりしていました。

田口　ほんとうに真剣だったんですね……。

秋山　25日ぐらい続けていると、もうUFOが来ても、来なくてもどうでもよくなった。気にならなくなった。

田口　疲れきってボンヤリして、自我が萎《な》えてきたのね。

秋山　精神的に少しヘンになっていたと思います。部屋に閉じこもって、カメやバッタを見ても入り込み過ぎるから、触らないでボンヤリしていた。でも夜空を見る習慣はやめられなくて、UFOを呼び続けてしまう。
　そしてちょうど30日目に、1時間ほど呼んで、今日も来ないからと雨戸を閉めていたら、裏山の上にソロバンの玉のオバケみたいなものがボワンって出てきました。UFOって、出る時は本当に急に出てくるんですよね。
田口　何色でしたか?
秋山　全体的にはオレンジ色です。中央から左右に緑茶色の光線が出ていて、それが僕のほうにも飛んできて光と圧力を同時に受けました。まるでミサイルをあびたみたいでした。怖くて目を閉じたら、目の中が小さい手裏剣のような光でいっぱいで、目を開けても同じでした。そのうちに体がジンジンしびれてきて、だんだん意識がなくなって、気がついたら朝だった。

◆自分と外界が「融合」する体験

田口　UFOと遭遇した翌朝、最初に気がついたことはなんでした?
秋山　触ったベッドの金具がガタガタになって、握ったドアノブが壊れそうになったことです。階段を降りるのにも気をつかった。洋服を着ようとするとボタンは飛ぶし、ほつれを触るとほつれがひどくなる。やたらとものを壊してしまう。

田口　触れた物質が、ほどけていく感じですね。UFO遭遇者がよくそれを体験しますよね。

秋山　プラスチックも歪《ゆが》んでしまう。ヤバイことになったな、という気がしました。

田口　なにがヤバイ？

秋山　ウ～ン、そうだなあ、なにかヘンなことに巻き込まれた、という感じですね。まだ超能力という概念はないから、UFOの光線のせいでなにか変なことになってしまったな、と。

田口　あらゆるものと感応するようになった……、そんな感じがします。自他の境界が溶けてしまっている……、憑依というよりも融合に近い？

秋山　学校へ行って朝礼で並んでいると、あまり寝ていないから睡魔がやってきて、眠りと覚醒の境目みたいな状態になります。すると、周りの人がボンボンって火柱のように見えるんです。

田口　火柱はオレンジ色ですか？

秋山　人によって色も形もみんな違う。さらによく見ると、人の周囲に小さなブツブツがあって、そのブツブツにズームアップすると誰かの顔だったり、誰かの部屋があったり、あるいは相手の体の中が見えたりします。

田口　相手の霊的フィールドが見えて、相手の体の中にまで入ってしまえる。

秋山　そう。急に視界の奥行きが広がった感じでパニックでした。前にいる人の神経はピカピカに光って、血管は真っ黒に見える。胃もランプのように光っているし、脳も時々光っている。かすかに声も聞こえる。体に入るモードと霊的な映像が見えるモードはちょっと違って、霊的な映像が見えるモードは眠りに近くて、入り過ぎると抜けられなくなる。

朝礼が終わって教室に戻っても、さっきの映像を思いだすと机も教室も消えて、映像だけが浮かび上がって見えます。

田口　遠隔透視状態になっていたんですね。

秋山　そのうちに、語りかけが出てきて「そんなことないよ」とか、無意識につぶやいていて「お前、何言ってんだよ」って言われて。ヤバイ、またイジメられる、と思ったりして。でも数日するると今度は言葉が止まらなくなる。すれちがったおばあさんに「3日後に調子悪くて死んじゃうかもしれないから、気をつけて」と言っちゃう。

田口　無自覚にですか?

秋山　無自覚に言ってしまう。あとテレビのクイズ番組を見ていると答えがポンと出てくる。イタコ状態ですね。ちょうどスプーン曲げブームの時で、これは超能力かもしれないと思って、本格的にスプーン曲げをやってみました。すると、テレビのスプーン曲げよりも簡単にグルグルになって曲がるわけです。

田口　オレ、ユリ・ゲラーよりすごい……みたいな?

秋山　よし、学校でステータスを回復しようと思って友達に見せたら、それをテレビ局にハガキで投稿したヤツがいて、そしたらテレビカメラが家まで来たんですよね。

それからずっとあと、高校生になってからのことだけど、学校から家に帰ると、テレビ局の取材陣がいて、庭では大川興業の人たちが踊っているんです。アナウンサーが「大川興業は借金生活から回復すべく超能力者の秋山さんの家の前で踊っております」とか、しゃべりながら家に入ってくる（笑）。

田口　すごい情況。よくぞまともに成長された！と思います。ところで、秋山さん、とってもさみしがり屋ですよね。秋山さんのそういう人恋しさってなんだと思います？　その人恋しさは自分の能力と関係があると思います？

秋山　関係ありますね。**そもそも大嫌いだった人間を好きになるきっかけは、超能力者として人と交わる中で、世の中には自分のいろんな情報をまとめて理解してくれる人がいることがわかったからです。**僕たちは会った瞬間すぐにわかります。逆にその人が僕のことをどこまで何を理解しないのかが最初にわかる。自分にとって不都合なものを最初に身体に感じるので、息苦しくなったり、入りづらい感じを受けます。

田口　その人に会った瞬間に、相手に理解されないことがわかって、身体が拒絶反応してしまうわけだ。

秋山　そうです。しかし、これだと自分を理解してくれる人、自分を理解してくれる面だけでしかつき合わなくなります。それも淋しい。

◈神がかりの極意

秋山　心霊の働きは細胞レベルと中央が直結している。「一即多《いっそくた》、多即一《たそくいち》」これも古くからの古神道の概念。武術の同じ動きが基礎になっているんだけど、腰の辺りに意識を集中して、そこから動かすようにしている。たとえば、みんなに押さえ込まれた時に、手でどけないで、腰から船を漕ぐようにカッとどけるわけ。合気道なんかはそういう動きを訓練している。それの基本的な動きが船漕ぎ運動。

江原　本田親徳《ほんだちかあつ》(17)などは霊縛法《れいばくほう》。霊を縛る、そういうのが主ですね。秋山さんがおっしゃったような動きは、人間だけでなく霊に関しても言えます。

秋山　神がかった人が、よくこの動きを自然にやるんです。昔、亀井三郎《かめいさぶろう》(18)霊媒というのがいて、この人の秘密結社がいまだに残っているんです。京都の繊維問屋の会合の一部が、そうなんです。当時、年に1回、富士の浅間《せんげん》神社に黒塗りのベンツでバアーッと夜中に出てきて、8月某日、あそこの湧玉池《わくたまいけ》で禊《みそぎ》をする。それが亀井三郎さんの遺言だったんです。これを継承している会で、僕は、山蔭神道《やまかげしんとう》(19)の山蔭さんと一緒に参加したことがあった。

そしたら、そこに来てたガタイのいい女霊媒がいて、その人、突然、終わった後に神がかって。みんなでとりあえず押さえようと、暴れるから。押さえたら、本当に『マトリックス』のように1回、腰を振っただけで、みんなピョーンと飛ばされたんですよ。スゲエ～なと思って。神がかりの力って。大本教では、天狗の霊がかかると正座したまま激突したって言ったもの。天井に穴が開いたというんだよ。

これは僕、出口王仁三郎《でぐちおにさぶろう》(20)さんのお孫さんにも確認したけれど、小さい時に見たって、天井に穴が開いていたと。

田口　浅野和三郎《あさのわさぶろう》さんの本を読むと、1日200人くらい降ろしたとか？

秋山　もうデパート状態。鎮魂帰神《ちんこんきしん》をフランチャイズにしたので、あの教団は伸びた。あなたも3日で鎮魂帰神ができるんですって。

田口　そんなにできるものなんですか？

秋山　さあ～。当時はみんな素直過ぎた。神道の人たちの思い入れも今とは全然違うし。あとは大本教に対する思い入れ、とにかく出口王仁三郎って予言が当たったんです。戦時中でどんどん人が死んでいくわけでしょ。遺族はあの世と交信したい。そういうことを言うと、軍から怒られる。大本教は何でもありのパラダイスだったから、みんなこぞって駆け込んだんでしょう。

◆印を結ぶと霊が降りて来る

江原　何でも良ければ、霊を降ろすというのはできるの。素直な人はいつの時代もいてね。秋山さん、あそこ知っています？　棚橋信元《たなはしのぶもと》(21)さんという能力指導者。

秋山　陸軍にいた人だ。

江原　どうなったんでしょうね？

秋山　はい。薄めの本を書いていましたね。

江原　みんな、跳《と》び跳ねて、跳び跳ねて、すごかったですね……。

秋山　あと静岡の三保《みほ》の松原にいた中野裕道《なかのゆうどう》(22)という霊能力者がいて、その人が最初に『ヨーガ霊動法』という本を出した。とにかくみんな印《いん》を結んだまま跳び上がる。

江原　印はアンテナだって。私の師匠の寺坂先生はいつもおっしゃっていました。

秋山　指って一番脳を刺激するんです。印を結ぶと、こうやって、いろいろなことをやっているうちに脳が刺激されて、ものすごく過敏な状態になる。普通、神道はこうやって印を結ぶじゃないですか（右下の図）。

通常の印の結び方

宮地神仙道の印の結び方

友清歓真《ともきよよしざね》(23)師が宮地神仙道(24)に行って感銘を受けたのは、宮地神仙道は、こういう風に結ぶんだけど(真ん中の図)、実は神霊と交信する時、こう結びなさい。内側を見ると、ここを輪っかにしなさいと。これを外しているか、くっつけるかだけで、交信する相手のシフトチェンジができる。実際に友清氏がこれで実験したら、ほんとうに、全然違う。

それを、何かのいきさつで学んでよく似た行法を継承したのが、「世界人類が平和でありますように」の五井昌久《ごいまさひさ》(25)師。五井師は、祈る時の手の形をこうやって結んでいるの(左下の図)。あれはどこかで勉強したんだね。

江原　その印が絵になっていますね。

田口　日本の新興宗教は、ほぼ神道の流れなんですか。

秋山　そう。古神道が中心のものが多い。基本は山なんです。山が御神体《ごしんたい》。だから、○○山△△寺、神社もだいたい奥宮《おくみや》は山。山がアンテナだという考え方がかなり古くからある。家の中に築山《つきやま》をつくる。あの行為も実は山信仰の流れなんですね。とにかく山を観察すると、いろいろなことが見えて。

田口　きっと山には自然霊界の生態系があるんでしょうね。で、うっかり山に入ると憑依される……と。

五井昌久氏の印の結び方

summary

5章のまとめ

霊が憑依して起こすトラブルを霊障と呼ぶ。江原によれば霊障は5つのケースに分類できる。

1・先祖による霊障
私たちの祖先、または流産などによりこの世に生まれ出ずに亡くなった霊魂、あるいは生まれてまもなく亡くなった霊魂によって引き起こされるもの。この供養をおろそかにしていたため、未浄化霊が私たちに訴えて霊障を引き起こすケース

2・眷族《けんぞく》霊による霊障
一族に縁があり、守っていただいていた神仏の眷族霊を粗末に扱ったり、汚《けが》してしまい、その霊の怒りをかうケース

3・地縛《じばく》霊による霊障
地縛霊のいる場所に住んでしまったために起こるケース

4・生霊、死霊による霊障
人霊または動物霊の恨みを受けたために起こるケース

5・低級霊による霊障
波長が低下し、同じように低い波長の未浄化霊を引き寄せるケース

この5つのケース。ホラー映画のストーリーによく出てくるパターン。では、なぜホラー映画は人気があるのか。怖いもの見たさでドキドキしたいから？　それだけじゃないだろう。潜在意識は霊の存在を知っている。現実として目を向けたくないから、映画として観てすっきりしている。夢の浄化作用と同じしくみだ。

憑依という現象への心構え

霊的世界と溶け合って存在する「この世」では、多かれ少なかれさまざまな霊と関

わっている。そのことに意識を向け、霊という存在にフォーカスしてみよう。霊たちと共存していると想像してみよう。

たとえば、菌類やウイルスと共存しているように霊と共存している。自然界の生態系があるように、霊的生態系があると想像してみよう。

昨今、マインドフルネスが流行し瞑想《めいそう》をする人が増えている。しかし、安易な瞑想は憑依を呼び込むため、江原は勧めてはいない。瞑想も指導者を選び慎重におこなうべきだ。

・ヤバイと思ったら食べる

ふたりが、憑依された状態から楽になるためにとにかく食べた、という話は興味深い。食べることによって身体に血が回り楽になるという。

空腹は憑依されやすい。食べて幸せを感じることで霊は去っていくのかもしれない。

・山はアンテナ

「うっかり修験《しゆげん》の山に行くと修験者の霊に憑依される」と江原は言う。なんにせよ山は自然霊や人霊がいて、ぼんやり山に入っていくといろいろなものを引き寄せてしまいがちのようだ。古代から山は聖域とされ、うっかり人間が踏み込むのを禁じていたのも、山の霊的生態系は豊穣《ほうじょう》で、エゴを持った人間を凌駕《りょうが》するからかもしれない。

霊的な視点から見れば、山は決して静かなだけの所ではなさそうだ。もし、自分がエゴを捨てた心で入らなければ、山に呑み込まれることもある。

・お墓は霊の居場所ではない

「生前にお墓に執着し過ぎると、死んでからお墓に行くものと思い込み、お墓に居続ける霊がいる」と江原は言う。

「だから墓地には幽霊がいるんです」

つまり、墓地にいる幽霊は「死んだら墓に行く」という思い込みが強く、墓に執着もあるのでそこから離れられないらしい。確かに、墓は生者が死者を偲《しの》ぶためにつくるものであって、死者が墓にずっと居るわけではない。また、いくら永代《えいたい》供養と言っても墓は永遠ではない。縁者がいなくなれば消えていく。何事にも執着が強過ぎるのは霊的に見ると考えもののようだ。

実際に、ふたりにはお墓をどうしたらいいかという相談が数多く寄せられるという。

少子化の現代、墓を守ることは遺された子供にとってプレッシャー。だが粗末にもできず、悩みを抱える若者が増える一方とのこと。それに対してさまざまなお墓ビジネスが生まれたり、宗教が介入したりしている。

とはいえ、それぞれに宗教があり、ビリーフシステムがあるので、この問題はそう簡単ではない。問題があるということは、魂の成長の機会である。亡くなった人たちとどうおつき合いするか、自分ごととして考えるチャンスを得ているると江原は言う。

「私に答えを求めてはダメなんです。自分で考えないと。そうでなければ、また次に生まれて同じことをすることになるから」

ふたりが個人カウンセリングを辞めた理由は共通している。「答えを求められてしまう」というジレンマがあったから。

不幸の原因は3つ。

「自己憐憫《れんびん》、責任転嫁《てんか》、依存」だと江原は言う。

これが憑依を呼び込む3つの要因とも言えるだろう。特に依存は奥が深い。

動物霊も憑依する?!

秋山は、実に動物の気持ちがよくわかる。たとえば以前にこんなことがあった。

私が犬を飼った時のこと。秋山にそれを話すとこんなことを言いだした。

「犬や、猫や、ゴキブリのような人間の生活圏内にいる生き物たちは、一部では野望も持っています。彼らはいつか人間に取って代わろうと虎視眈々《こしたんたん》と狙っている生物という見方もあるんですよ。だから、つき合い方の距離とルールがとても大切です」

秋山にとっては、犬と猫とゴキブリが分け隔てなく見えているところがまず衝撃だった。

とにかく秋山の視点は多様で自由自在だ。ゴキブリにもなれば、バオバブの木にもなる。そして、もし人間が霊的に進化したら、誰もがこの視点を手に入れて生きることをよりいっそう楽しんでいくんだろう。

田口 ゴ、ゴキブリも人間征服を狙っているんですか？

秋山 だって、人間ってのは相当に危険な生き物ですよ、その危険きわまりない人間の生活圏内に侵入してくる生物は相当に強いモチベーションがあるのです。

田口 秋山さんは動物の気持ちもわかるんですか？　たとえば動物に憑依されたことはありますか？

秋山 あります。発情した犬とシンクロした時なんかもう、ほんとうに死ぬかと思いましたよ。

これは冗談なのか本気なのか？　その時に私は思った。これは秋山が犬に憑依されたのか、それとも犬が秋山に憑依されたのか？　なんにせよ笑った。

6章

スピリチュアルから見た「オウム真理教」

――秋山眞人・江原啓之がオウム事件を語る

「精神世界2・0」への転機となったオウム事件

1995年、3月20日。

東京メトロ丸ノ内線、日比谷線、千代田線の車内において、きわめて毒性の高い化学物質「サリン」を撒《ま》くという「テロ事件」が勃発。乗客、駅員、13人が死亡した。サリンによる被害は広範囲に及び、負傷者数はおよそ6300人。犯行はオウム真理教と呼ばれる教団の信者によるもので、首謀者は教祖の麻原彰晃《あさはらしょうこう》。反社会的なカルト教団による大規模無差別テロ事件として世界中に報道された。

事件後、警察は富士山麓にあった教団施設を強制捜査。施設内の隠し部屋に潜伏していた教祖・麻原彰晃を逮捕。

関係者が次々に逮捕され、さまざまなテロ、誘拐、殺人、殺人未遂事件にオウム真理教が関与してきたことが明らかになる。同時に教団の実体は複雑怪奇にねじれていく。警察内部にも内通者がいることや、北朝鮮、ロシア、そして暴力団との関係など、日本のアンダーグラウンドが事件の背後に見えてきた頃、教団幹部のひとりが衆目《しゅうもく》のうちに刺殺され、教祖は拘置所にて心神喪失《しんしんそう しっ》。

事件に関与した信者に次々と死刑判決が下り、2018年7月に麻原彰晃を含む13人に死刑が執行。教祖の死で事件の全貌は闇に屠《ほふ》られた。

オウム真理教の信者は出家をしており、閉鎖空間となった教団内で独自の共同体をつくっていた。霊的エネルギーや奇跡を欲した信者たちは、教祖に帰依《きえ》し、教団に全財産を渡した。信者の多くはヨガや断食などの修行を通してトランスパーソナルな体験をしている。

ヨガの修行でクンダリニー覚醒《かくせい》を経験した直後は「身体《からだ》が軽くなり壮快で、頭も冴えわたり、寝なくても動けるような状態になる」と、元信者は証言している。

クンダリニー覚醒とは、ヨガ行によって第一チャクラが活性化して起こる心身変容体験。尾てい骨が火傷《やけど》するように熱くなり、その熱いものが身体の中心をらせん状に突き抜けていく……。すると、ある種の覚醒状態になり、通常の身体能力以上のパワーを発揮するというもの。

ヨガでは危険とされている状態だが、麻原彰晃は「3か月でクンダリニー覚醒をさせる」と宣伝し、トランスパーソナルを体験したい若者たちが多く入信した。

オウム真理教は発足当初、マスコミから注目され、教祖もテレビ番組に幾度も出演している。目の不自由な教祖は巨大なクッション椅子に座り、椅子ごと運ばれて登場した。教祖は「尊師」と呼ばれ「最終解脱者《げだつしや》」を名乗った。高位の信者たちはホーリーネームという特別な名前で呼び合い、てかてか光る安っぽい教団衣を着ていた。

それらすべてを、江原は「真善美」がない、と看破《かんぱ》する。

「オウムではすべてが中途半端で出来損ないをたくさんつくったけれど、教団内は毎日が文化祭のようだった」

事件に関与していない一般信者の女性は、オウムでの生活を「自由で楽しかった」と語る。一般信者にとって、集団生活をする教団は「宗教」というよりもむしろ「家族的コミューン」だったのかもしれない。

100人の信者がいれば100通りのオウム真理教が現れる。それくらい信者は自分の内面を教団に自己投影している。

信者の頂点にいた教祖・麻原彰晃が死刑となり、事件は終わったかに見える。

オウム真理教はどのように生まれ、なぜ暴走したか。その理由はいまだ謎だ。

この章では、オウム事件の時代をリアルタイムで生きた秋山と江原に、オウム真理教事件について語ってもらう。

【対話6】宗教と精神世界、どう捉えどう向き合うべきか

田口　みんなそれぞれのオウム観ってありますよね。きっとね。

江原　オウムとのよもやま話なんですけど。坂本弁護士一家殺人事件がまだ捜査中だった頃に、テレビ局のプロデューサーから「(心霊捜査の協力を)ネラ・ジョーンズに頼んでもらえないか」と依頼が来たんです。それでネラに写真や週刊誌とかの資料を送ってみた。すると、ネラから法外なギャラを要求されたんです。5000万円とかの額。あの当時だから、今よりもっと価値がありますよね。

その後、ロンドンのネラの所に行って「どうしてこんな高いお金を?」と聞いたら、ネラは「断りたいからです」と言う。そしてすごい真剣な顔で僕に言うんです「あなたはこの事件に絶対に関わってはダメ。これは巨大なマフィアだから。マフィアが背後にあるから絶対に関わってはダメだよ」と。

日本に帰ってきて、当時、私は、まだ神社で神主していたので、うちの宮司が「江原君、何か

オウムとかに関わり持っている?」と言われた。「警察が君のことで動いているよ、君、マークされているからね」と。宮司は地域的に警察の防犯の連絡網をやっているからそれで知ったんでしょう。その後は、私もオウムに一切触れないようになっていた……という、僕の生活の中での背景があるんです。

あと、全然違う背景の部分では、その当時、こういう(スピリチュアルな)仕事をしている人間には、どこも部屋を貸してくれなかった。オウムのことがあって。ヨガの印象まで悪くなっていった……。

秋山 今考えると、そこからヨガの逆襲はすごいですね。

江原 やはりネラにはわかっていたんだな、って後になって思いました。

秋山 僕はもともと警察官だった時期がある。オウム問題には関わり過ぎてしまったほうなんです。調べるほうの情報も知っていたから、捜査協力も何度かした。

暴力団新法施行の直後に、あの団体が立ち上がっていった。つまり、あの団体にお金を出した人たちがいるんです。それも、いろいろな筋なの。だから、いろいろな筋のお金が流れ込んで、結局、利用される巨大なコブのように、あのオウムっていうネットワークが大きくなってしまった。彼らが実際現場で、精神世界っぽく入り込んで企業恫喝《どうかつ》をやったとか、いろいろな事件が並行して起きているんです。警察も必死だったんでしょうね、精神世界で有名なライターさんでガサ入れを受けた人は何人もいます。あり得ないですよ。捜査令状もないわけだから。「動くな」と言って、警察が来て、いろいろ調べられたっていう人もいて。

だから僕ら、違う署の刑事が2回ぐらい来て協力せざるを得なくなってやり取りしていました。

実はオウム側の幹部にも、初期の頃から相談を受けていて……。

最初の段階では、教祖の麻原は上九一色《かみくいしき》を出たがっていると聞いた。というのも、いろいろな勢力に利用されているから逃げたい、岐阜の山の中に遷都《せんと》したいと。位山《くらいやま》のそばに土地を買ってくれないか。6億円用意しているから買ってくれという話をされたことがある。

事件後に警察隊が上九一色に入った時に、金庫から出てきたお金はその資金なんです。純金で3億円、現金で3億円あったから、ちょうどぴったり。彼らはお金を用意していたわけですね。最終的には、いろいろな人たちに利用され過ぎて首が回らなくなったし、霊的な観点から言えば、ヤマタノオロチの巣になってしまった。どこに頭があって、どこが尾かも自分たちはもうわからない状態だったと思う。

ただそこに、生活を共にした信者たちの苦しみがあります。教団はひとつの家庭ではあるから。それが僕に宗教をもう一回考えさせるきっかけにはなった。教団が家族である……ってところがオウムの存在理由だったと思います。社会はいろいろな意味でお金のために利用しようとした。ところが、そのかたわらで信者たちの敬虔《けいけん》さや教祖の孤独は追い詰められていく。あの麻原だって最初からサリンを撒いて世の中とケンカしようとは思っていなかったと思います。

僕は小さな教団の教祖さんから相談を受けることがけっこうあるんです。あの頃って、みんな教団の崩壊危機だった。中堅教団がどんどん崩壊していくから、それぞれが先鋭的に教団の信者を奪い合う。エージェントを送り込んで（信者を）取り合う。だから、みんなピリピリしていた。

江原　神道とか大きな宗教もそうですが、政治に関わっていない宗教を探すほうが難しい。

秋山　宗教法人の認可とか、教祖を替える段階で、行政の指揮というか、許認可団体ですから。それはいろいろなところが絡むわけです。そこに政治家が来て口利きをしたりする。誰にどれくらいお金包んだという話もあったり。あと企業が持っている教団がいっぱいあります。

田口　素朴な質問ですが、結局、教団は政党をつくりました。大量に立候補者を出しました。あれは本気で、得票して政権を取れると考えていたんですか？

秋山　いや、考えていたというよりも、僕は、だんだん走っているうちに、上層部が社会に対して戦いを挑んだ。敵はなんだ？　味方はなんだ？　その狭間にある運動ってなんだ？　という具合に落ちていくんです。そうすると、政治運動をやるのが一番わかりやすいんです。一般大衆が、いかに自分たちに興味を持っていないかとか、いかに営業が大変かが一番よくわかる。だから、**教祖からすると、政治運動をやらせることは、信者を繋ぎとめるのに一番安心できる。そういう心理に落ちていくという問題はある。**

でも、信者の哀しみも重くなっていくし、さっきまで家庭だったものがどんどん非常にぎくしゃくしたものになっていくし。

これは、別の教団ですが、それも最後は教祖が捕まってしまうが、その教団が立ち上がりの時に、最初はすごくいい教団で優しい教祖なんだけど、だんだんおかしくなっていくのを見たことがある。宗教というのは運営が非常に難しい団体。だから、霊的な能力を持っている〈本物〉に経営をやらせ続けるのはとってもかわいそうな気がする。

◆霊山・富士山の危険性

田口　オウムの教団が富士山総本部に移ってから教団は過激化していきます。富士山の場の力が教団に与えた影響は大きい。上九一色村に教団があったのはみんなよく知っているけれど、あそこの本当の住所は「上九一色人穴《ひとあな》」です。そこに富士講の開祖が即身成仏《そくしんじょうぶつ》した穴があるんです。今でも入れます。いわくありありの土地なんです。富士山とオウムの関係をどう見ますか？

江原　実はすごく関係していて、人穴とかもそうですが、富士山が世界遺産に登録されたけれど、あれはみんな間違えていて、あの登録は文化が登録されたんです。自然じゃないんです。山自体が登録されたのではなくて、文化が登録されていて。私はそれについては、いつも異論を唱えています。

なぜかというと、みんな「山を登ろう、山を登ろう」って。冗談じゃない。あそこは霊山で、昔から修行者たちが白装束《しろしょうぞく》で登るところ。それを勘違いしていませんか、と。「間違えてはいけない。あそこは霊山だから、むやみに立ち入るべきではない。必ず何か起きる」と言っているんだけど。

話は変わって、実は、霊的修行者、霊能力、超能力を目指して、散っていった霊たちがいっぱいいるんです。そういう人たちって修行場には必ずいる。滝行でもなんでも急に霊力がついたという人は、ものすごいああ、低い霊がついてしまったなという時があって……。

秋山　いわゆるカラス天狗みたいな人たちがいるのよね。

江原　本当に神的なものに目覚めて、霊感に目覚める人もいるけど、多くは、どっちかというと、修行半ばで死んでいった人たち。滝に打たれていたらなぜか岩が落ちてきてぶつかって死んでしまったとか、修行者って全部が全部、きれいな人ではないわけ。ある意味、家族も見捨てて修行に来ているような無責任な人ですから。だから、講演とかでも、ついすごく悪いことが口に出ちゃって……。「千日回峰《せんにちかいほう》とかやって成就した人ってありがたがったりするけれど、それは体力ある人ですよ。その体力があるならボランティアやったほうがよっぽどましです」と。

田口　同感かも……。

江原　数珠《じゅず》で頭を撫《な》でられても髪の毛の1本も生えやしない。それよりも、私は、自転車で前も後ろも子供を乗せてトイレットペーパーをぶら下げてダッシュで走っているお母さんのほうがよほど阿闍梨《あじやり》だとよく言います。ちょっとまあ自己チューの人が、志半ばで亡くなると、（霊山や滝で）「教祖になりたい〜」と憑依してくるんです。

田口　では、オウムでも富士山の修験者たちが憑依したと？

江原　みんな宗教、目指すから。

◆黄泉の入口としての富士山

秋山　僕、今現在、富士山についての憑き物を研究しているんです。富士山の霊的な特殊性はほとんどの人がわからなくなっているんだけど、『古事記』『日本書紀』には、実は「富士山」という言葉が一行も出てこないんです。これはつまり、当時、『古事記』『日本書紀』という謎の日本史絵巻をつくった人たちがどれだけ富士山を怖がっていたかという話です。忌《い》み嫌われていたんです、富士山は……。

廃仏毀釈《はいぶつきしやく》の時に、富士山に日本中の仏像を持っていって投げ入れたという。そうすれば黄泉《よみ》の国に帰ってもらえる。いまだに富士周辺の酒蔵とか古い家に行くと、その時、「もったいない。かわいそうだよ」と言って拾って隠した鎌倉仏がいっぱい出てくるんです。それぐらい特殊な場所だった。高みにも繋がっているけれど、もっとも低い黄泉にも繋がっている。だから、畏怖《いふ》というものが向けられた。神の奥行きの入り口として見られた。
そもそも山は全部そうなんです。最近のパワースポットブーム、僕はいいと思っているんだけど、僕自身もそれに乗っかったところもあるし、まあ、仕掛けたところもあるけれど……、山は究極の「パワースポットの電池」なんですよ、電池は触っちゃいけない。あらゆるパワースポットが山と山を繋いだレイライン、龍道があって、その間に水脈があって、そこを流れていくわけです。山を崩したり、宅地造成したりすると一発でダメになる。その周辺でも歴史的事件が起こる。
田口　富士山は巨大な電池？
秋山　あそこは、のるかそるかなんです。僕は小さい時は富士山に親しみましたが、怖いところもいっぱい見た。夜中じゅう、樹海をさ迷ったこともあるけれど、そりゃあもう怖い。もう自然側のほうが圧倒的に強いでしょう。魑魅魍魎《ちみもうりょう》がいる所なんです。人間なんかちっぽけな霊だと感じさせる所なんです。
田口　呑み込まれていってしまう？
秋山　そう。向こうはそういうアピールをしてきます。それに対して、自分がどうあるかが大事。試される場所なんです。やっぱりハイヒールを履いて上まで上がろうとしてはダメ、富士山は。
そもそもオカルトとは、見えない奥行きだと思う。神秘、神々《こうごう》しい。神が決めた奥行きだということを理解しないと、霊的なことはわからないと思う。なにを大事にして、なにを手放すかということ。ここだけだと思うの、生活って。へんてこなものを握りしめ過ぎたら、おかしくなっちゃう。

江原　光があるから、闇が深いんだから、両方ある。富士山のように光が強ければ強いほど闇は深くなる。樹海とかね。

◆麻原彰晃の運命と宿命

田口　オウム真理教の富士山総本部があった場所って、今、盲導犬の里になっている。不思議でしょう？　そこで盲導犬がたくさん訓練されているんです。

秋山　教祖は目が不自由だったんですから、盲導犬が引き寄せられるというのは不思議。

田口　オウムには妙な符合がたくさんあります。たとえば、麻原彰晃が生まれた村は、八代《やつしろ》市の金剛《こんごう》村という所です。金剛村に生まれて、彼は金剛小学校に行った。金剛って、いわゆるタントラヴァジュラーナでしょ？　密教。なんとなく彼の出生から何か運命的なものは関わっていたんだろうなという気がする。

江原　道筋はできている。だから、先天的だろうが後天的だろうが、

田口　関係ない。

江原　シナリオ。

秋山　型にはまった人が一番いい俳優か……。

田口　良いも悪いもなくて、ああいうシナリオだったんでしょう。教団を興してというか、何かを日本人に突きつけてくるという運命のシナリオだと思う。

江原　私もそう思う。だけど、その中で、そのまま苦しんでいく定めかというと、それは違う道を選ぶチャンスを与えられていると思うのね。運命と宿命は違う。さっきの秋山さんの話ではないけれど、さまざまな社会の欲望に負けていったというか。

たとえば、霊能者もそうだし麻原もそうだけど、目が不自由だったりとか、複雑な生い立ちがあるでしょう。それは、複雑が悪いことではなくて、逆に見ると、純粋なんです。親がいれば「それはダメよ」とか、親戚のおじさんに諭《さと》されるとか、いろいろあるんだけど、そういうことがあまりなくて、どこかすごく純粋だったのだと思う。なので**余計に社会の欲望に巻き込まれ、世を恨んだりというようなことが起きていく。純粋ゆえに欲望に負けるんだと思う。**

田口　麻原彰晃は、幼少期は目は見えているんです。でも、口減らしというのかな、見えないお兄さんと一緒に盲学校へ入れられてしまうんです。13年間、麻原は盲学校で過ごします。その間、両親は一度も面会に来なかったそうです。

彼だけが盲学校の中で目が見えているんです。彼は教団をつくった頃から、だんだん視力が衰えて目が見えなくなってくるんだけど、彼にしか見えない神様と彼にしか見えない世界を見ていて、それが見えない弟子たちを、盲学校にいた時と同じようにコントロールしていくんです。だから、盲学校って、彼が全盲の人たちをコントロールする訓練のための、13年間だったと思う。

◆疑似家族からスタートし、逸脱していった教団

秋山 オウムを捉えたメディアの評論をいろいろ見てきたけど、オウム初期の頃を知っているので違和感がある。オウムだけを悪者にしているというか……。

あの当時って、単に、怪しい健康食品を売りながらヨガをやって女の子を集める怪しい教祖っていっぱいいたの。その人たちが群雄割拠《ぐんゆうかっきょ》して、競い合っていたんですよ。片や、オウム風にヨガっぽくワイルドになる人たちと、背広を着てカッコ良く出てきて、「潜在意識は〜」と説く人たちと、分かれていったんですよ。

田口 麻原の娘さんに何度かお会いしてお話を聞いたことがあります。「お父さんは、仏教とヨガの修行を始めてから、すごく言葉がきれいになっていい人になった」とおっしゃっていました。麻原がしていた行《ぎょう》は、最初は正しい方向に行っていたんだろうなって。本当に、それまで汚い言葉遣いだったのに、子供たちにも丁寧な言葉で話すようになって、優しくなって、怒らなくなっていって。その頃からだんだん人が集まってきて、次第に教団ができていくんだけど。

秋山　やっぱり教団という家族に満たされたんだと思う、彼自身。

田口　その後ですよね、なにが起きたんだろう。

秋山　家族はいいもんですが、家族には言うことをきかない人も出てくるしね。疑似家族が大きくなって敵になるし。他の教団が乗り込んできて、信者を取っていこうとするし。社会がどんどんなってくるんですよ。追い詰められてくる。こういった時に教団運営者って、けっこう精神的にきつくなったけれど、弱肉強食にさらされる。そこに**大衆の集合意識みたいなものが、僕はヤマタノオロチと呼んだけど、ほんとうに食ってかかってくる。結局、「社会なんてみんな敵だぜ」となってしまう。**そう転んだほうがラクだからね。僕もほんとうに気持ちが張り裂けそうになったことがある。

田口　上げて下げるというやり方、マスコミのいったん上げて、ものすごく下げるという。あれにまいったんだと思います。麻原も。

秋山　僕は宜保《ぎぼ》愛子さんがちょっと叩かれ始めた時に会ったことがあるけれど、「首が痛い」と言いながらぽろぽろ泣くのよ。息子さんは医大の教授だったから「おかあさん、もう霊視はやめてくれ。俺が叩かれるんだよ」って息子が言うんだってさ。そういう意味で霊能者は確かに孤独だと思う。麻原にしたって初期の頃は霊能があったとは思う。だけど、やっぱり根底にある〈家族が欠けている〉という話を周りがやはり理解してあげられなかったのではないかなと。

田口　超能力者で家庭をずっと維持できる人はけっこう少ない。秋山さんはレアケースです。

江原　そうでしょうね。

秋山　嫁の言うことには「はい」と従うようにしているんです。嫁にもちょっと資質があって、娘は僕より強いです。1歳半ぐらいで離乳食を口から出したら、スプーンが波打っていて。学生になってからは中間試験の手前のたびに家中の時計が止まる。大変だったですよ。

墓場へ行くと、「あの人たち、誰？」と指さした瞬間にビューッときて、喘息の発作を起こす。娘が。だから、日大の救急病棟へ担ぎ込まれていって。

江原　霊的に敏感だとね。

秋山　お医者さんにアレルギーを抑えてもらう薬を出してもらう時に、霊的に敏感なんですとは言えないから。そこから、アレルギーは、霊的な問題なんだということがよくわかる。江戸時代のアレルギーの専門医の本があるんです。和綴《わと》じ本が。霊象（霊障）とまったく一致するんです。目の周りが腫《は》れたり、首の周りが腫れたり。

◆霊とアレルギー症の関係

秋山　アレルギーは霊障とかなりリンクしている。アレルギーのもとになっているウイルスとかが、霊的な情報を大挙して運ぶんです。自然霊です。

田口　ウイルスが？

秋山　はい、彼らは情報を共有して運ぶだけです。一気に持ってくる。だから、花粉症って、杉林の下の奴ら、みんな花粉症なわけ？というと、違うよね。媒体にすぎない。だから、花粉に憑依する、自然霊が。ミクロのものに一斉に取りついて、一斉に食ってかかってくる。まさに虫の知らせです。

田口　なんか面白い。

秋山　だから、逆に言うと、山に入るのに、ほんとうの修験者は禊《みそぎ》をする。要は、お香で清めて、水で清める。雑菌を全部殺すんだよね。つまり、雷鳥《らいちょう》しか棲めないような雪山の奥のほうに人間が入っていくと、雷鳥はすぐ死んでしまう。ウイルス感染するんです。だから自然の山はミクロな世界での生命のバランスを保つには大変な努力が要るわけで、そこにまたへんてこりんな霊がいろいろ介在して、霊は大きなものを動かせないから低級で、ちっちゃいものを動かす。本当に虫に乗って精霊が動くことがあるそうです。

田口　コロナもそう？

秋山　これは、とうとう世界規模で自然霊が暴れている。断末魔な気がする。

江原　私はちょっと意見が……。アレルギーは物質的なものもあると思います、化学物質とか。でも**アレルギーはもともとは霊的なもので、私は20か21歳ぐらい、全身アレルギーだった。それ**

で喘息。20歳ぐらいまでは人前に出られないで、病院で全裸で写真を撮られたぐらい。もう全身アレルギー。死にたいと思うくらい、ひどかった。今は肌がキレイとか言うけれど、10代の頃、高校生の時とかは眼帯はしているわ、包帯を巻いているわ、そんな写真ばかりです。

田口　信じられない。

江原　だけども、秋山さんがおっしゃる通り、僕が符合したのは、**霊的なものがバーッと全部見えた時に全部治っている**。治ったきっかけは、滝行です。２年間、高尾山《たかおさん》でほぼ毎日滝行をしたんです。そうしたら克服した。

秋山　水って体質を変えてくれますよね。ほんとうにすごいよね、水の力って。

田口　でも、霊に憑依もされやすい場所なんですよね。

◆能力者と相談者の関係の変化

田口　霊的なカリスマと信者はどういう関係が望ましいと思いますか。能力者に憧れて信奉し頼ってくる方たちも多いと思うのですが。

秋山　難しい問題で、僕は宗教団体の運営をしている人たちから相談を受けることがあって、近代宗教、特に新宗教の時代に巨大化してしまった教団って今、信者がお年寄りが多くなって、若い方が来なくなった。みんなが大手教団だと思っているところも、ほんとうは実働の信者さんが少ないところもたくさんあるんです。
僕は古本が好きだから古本屋に行くんだけど、一昔前の宗教団体の上級信者にしか配られなかった本が大量に古本屋に出ていると、ちょっと悲しい気持ちにもなる。たとえば、うちなんかもカウンセリングをやったり、セミナーをやったりして、僕はなるべく団体にしないようにしている。だから、セミナーの時はワーッと人が来るけれど、ふだんは来ない。徒党を組まないというのを半ば信条にしてやってきているんだけど、やっぱり長い間、いろんな人を見てくると、雰気で来る人と人生を変えようと思って来る人と、なんかわからず丸投げ依存で来る人とに分かれるんだよね。

田口　その3つ、江原さんもまったく同じことを言っていました。

秋山　丸投げ依存で来る人が、一番、僕たちにとっては怖くて、扱いづらいんですよ。扱いづらいと言うしかないんです。つまり、「あのう〜、秋山さん。目的なく今日相談に来ちゃったんですけれど、私、なにをしたらいいですか?」いや、ぶっ飛ぶというか。だけど、この人が置かれている状況は、僕が経験したあの隔たりがなくなるような最中にいるんだろうと。どうしてもヒッピーやりたいような最中にいるんだろうと。自然界域のど真ん中にいるんだろうとは思うんですけれど、だから、ものすごく同情はするんですすけれど「いや、その状態にいるあなたにアドバイスする言葉なんてありませんよ」というのがほんとうの回答だと思う。

あなたはあなたで十分完結しているから、そのまま生きていって、食べられなくなったらなにか目の前にあるものを掴みなさいって。お釈迦様みたいな、食えなくなって森に入っていって一杯の粥《かゆ》でという追体験のようなことをするんだろうなと思っちゃう。でも、ようやくそろそろ丸投げの人が、ちょっと減少し始めています。一時期は多過ぎて、ほんとうに困った。

やっぱりスピリチュアルブームって、最初はそこからみんな入っちゃう。スピリチュアルに関心を持った途端に、考え方が変わって、垣根を全部ぶっ壊して、ついでに離婚して、子供も捨てちゃってみたいな人たちが大挙して押しかけてきて、大変だった。

今はどちらかというと、その反動で、スピリチュアルを分析したいとか、学問的に考えたいとか、心理学とどう接近するのかとか、量子論的には、脳生理学的にはと言う人たちが多いんですよ。

僕もこの10年、学問に寄り添ったんだけど、今度はスピリチュアルで流行っている脳生理学論とか量子論とか、陰謀論とか、ほんとうにびっくりするくらい滅茶苦茶で、単なるスピリチュアルで感じている感覚を、科学の言葉のふりかけで、おにぎりにするぐらいにしか考えられていない気がする。

たとえば、量子論的な、発見された、新現象は、ミクロの世界では全部それは有効で、ミクロの世界で起きていることは長い間宗教の人たちが言ってきたこととそっくりなんだけど、「シュレーディンガーの猫」にしても、光と粒にしても、始めと終わりがなくなるにしても、現象の偏在性にしても、それをマクロの世界に当てはめて説明する段階で、最初から間違っているという前提の量子論なんです。

それをスピリチュアルの人たちがあまりにもやり過ぎると、大槻《おおつき》（義彦《よしひこ》）教授はより大笑いするということになってしまうわけです。

量子論側の学者さんが、こっち側の世界を語るという人もチラホラ出てきていて、ちょっと面白い動きではあるけれどね。

◆精神世界は、人生から目をそらす手段ではない

田口　オウム事件後、スピリチュアル的には、どういう方向へ行っていると思いますか？

秋山　僕の感覚から言うと、多様性が進んで、「私、ＵＦＯはわかるし、あの人のＵＦＯ論は信じるけれど、ほかはまったく知りません」とか、「心霊は信じるけれどＵＦＯはダメ」とか「陰謀論が大好きだけど、他のオカルトは（興味ない）」とか。プラモデルを集めるような感じ。軽い感覚を感じる。ＵＭＡがなんとかとか、また空飛ぶ人間が出ましたよとか。「あっそう」って。「一反《いったん》木綿《もめん》が降ってきたの」「あっそう」って。

田口　人生に向き合うとか、そういうものがない？

秋山　だから、人生のことを聞いてごらんなさいよっていうと、みんなシーンとする。自己を考えるというところを失っている。自分探しをやっていた80年代は、まだ気高い気がする。だんだん自分探しもしなくなってきた。自己喪失。

自分探しをやっていた80年代は、まだ気高い気がする。スゴイのはゲーム。『どうぶつの森』もそうだけど、ひとつの国が用意されていて、コンピュータが勝手にお金をくれたり、隣人をつくってくれたり、その隣人もすぐにすねる奴とか、仲良くしてくる奴とか、ほんとうにすごい分布があって、ちょっと鉱山で誰かがダイヤを見つけると、みんなで掘りに行って10人はダイヤを掘り当てて、億万長者になるとか。あらゆる生活ができる。重婚もできる。人殺しもできる。こういう生活型のゲームが圧倒的に多くなって、それを5時間も6時間も、家に帰ったらやるわけ。目が疲れたら寝てしまう。そりゃ、自分のことは考えられないね。あれは危ない。

江原　そこは激しく同意。私もまったく同じように思う。秋山さんもそういう風に思っていらっしゃったのかと……。

秋山　僕たちが言うと怒られるのかもしれないけど、もうちょっと年が上の人だと陰謀論が好き。最近、You Tuberの陰謀論を聞いてみたけど、アクセス数が多いように奇をてらった人たちで、要はトランキライザーだよね。

江原　YouTubeねえ。すべてが悪いとは言わないけれど、本物は少ない。だからってひと括りでなんでも「インチキ」と言う人には、インチキを20年、30年やれないよって思う。

田口　極端な意見が増えましたね。

江原　もうインチキでもなんでもけっこうですと思うわけ。これからほんとうに食べる物ないよ、知らないよ。いま変わらないと知らないよって。そういう中でもゲームやって享楽《きょうらく》で生きるのなら、そうして死んでいけばいいんじゃないって。ごめんなさい、最近、そういうあきらめの境地かも。

田口　うーん。まだ、オウム以前のほうが、救いがあったということかな。

秋山　昨日、３人、来訪者があった。同じ質問だった。１人が10ぐらい、「あの陰謀論はどうですか？　この陰謀論はどうですか？」とずっと聞くわけ。僕も、全然知らない陰謀論が出てくる。なんとかさんの、なんとかかんとかは、あれは、スゴイですよねえ～って。「そのスゴイというのは、なにをもってしてなの？」「秋山さん、だんだん学問に寄り過ぎましたね。根拠をすぐ聞く」とか言って、怒りだす。

もう正面からバーンってやろうかと思った（笑）。陰謀論を考える暇があったら、おめえ靴が汚いから磨けとか！

田口　信じる者はどうあるべきか。オウム事件はずっと語り継いでいきたいですね。

summary

6章のまとめ

秋山も江原も「宗教は疑似家族」と言う。これは一致した意見だった。家族に問題を抱えていると宗教に入りやすい、また、宗教団体もそれをわかっていて信者獲得のために家族のような包み込み方をする。

ふたりは決して宗教を否定しない。しかし、宗教が組織として大きくなると、政治や企業、マフィアなどの介入があり、社会的な欲望に巻き込まれていく。これを秋山は社会の集合無意識とし「ヤマタノオロチ」と名付けた。言い得て妙だ。

彼らは、ヤマタノオロチの攻撃を受けた時に、教祖が能力者であればあるほど苦痛であろうと想像している。それは、ふたりが実際に教団の教祖としてスカウトを受けたり、周りの霊能者が教祖になる様子を見てきた実感なのだろう。

だが、そこで運命も変えられると江原は言う。

実際の神話でも、天界を追放されたスサノオノミコトはヤマタノオロチと対決して勝ち、地上に安楽の地を得た。呑み込まれずに戦う道を神話は示している。ふたりもまたヤマタノオロチと戦って、現在の生活を得てきた。

宗教の開祖はそれなりの能力を有しているのかもしれない。推測でしかないが、麻原彰晃も何かしらの能力があったと考えるほうがリアリティがある。ただ、それゆえに純粋で、また憑依を受けやすかったのだろう。ふたりの発言からは、そこはかとなく麻原彰晃や信者への同情を感じた。

憑依されやすい霊山

富士山は危険な山で、うっかりと近づいてはいけないということがよくわかった。実際にオウム真理教の富士山総本部の周囲には、富士講の信者のお墓もある。富士山に登ることで救われようとした者たちの霊や、修行によって悟りを開こうとした者の霊がさ迷っていることは想像できる。

憑依という視点で、水行やヨガや瞑想を見れば、憑依されやすい状態に自分から入っていることは間違いない。特に先天的に憑依体質の人は、心身変容のためのさまざまなメソッドをおこなう時には、十分な注意を払って臨んだほうがいい。うっかり、ぼんやりしてしまうと、何が入ってくるかわからない。

そういうプロテクトをふたりは常に意識しているし、長年かけてプロテクトができるようになっているが、それでも、激しく感応していく。突き詰めれば、細胞の集合体である私たちはミクロの目で見ればスカスカだ。さまざまな霊体が侵入できる。東洋医学では風邪も「風邪《ふうじゃ》」という風の気として捉えて、背中から侵入するとされる。

そういうなんとも境界の曖昧な世界を生きているわけ。

「信じる者たち〈ビリーバー〉」について、ふたりは手厳しい。

教祖と信者が一対一の関係になった時、そこには共依存《きょういぞん》の関係が生まれやすい。教祖は信者を繋ぎ止めようとし、信者も教祖に依存が起こる。

オウム真理教も、教祖と信者が一対一の関係になったことで過激化していく。

「神は自分で名乗らない、神様が降りたという人がいるけれど、それはたいがい低級霊の憑依です」

と江原は言う。

精神世界の中には神を降ろす人がいる。たとえば、大本教の出口なおは丑寅《うしとら》の金神《こんじん》を降ろしたと言われる。その他にも空海が降りる人、龍神が降りる人とさまざまだ。

人間に憑依してくる見えない存在は確かにある。だが、それが何者かは降ろしている本人もよくわからないことが多い。

それを見きわめる役目をするのが「審神者〈さにわ〉」だ。審神者はもともと古代神道の神事において神託を受け、神の声を解釈して伝える者だったが、近代では主に人についた霊の正体を見きわめたり、その発言の内容に真偽を判断したりする役割の者を指す。

当然ながら審神者にも霊的能力が必要で、なおかつ、広範囲な知識と経験が必須。そのような人物はめったにいないし、神を降ろした人たちの多くが「自称」である。どのような神であれ、神を求める人がいるので、神を名乗る人が現れる。それを〈神〉が体験するために。

神話の衣をまとった教祖

この対談を通して教祖「麻原彰晃」には生まれもって背負った「運命」があったとふたりが感じていることがわかった。

麻原彰晃が生まれたのは熊本県の八代市。日本最大規模の公害事件・水俣《みなまた》病事件の発生区域だったこと。生まれた場所が金剛村だったこと……などのサインが出生地から読み取れる。さらに左目の障害、不遇な幼児期。教団末期、麻原は『キリスト革命』という本を出版し、はりつけになったキリストの絵に自身の顔を描いた。

シヴァ神、ブッダ、キリスト、麻原自身が激しく神を欲していた。麻原の長髪、長い髭《ひげ》、片方の目が不自由な独特の風貌は北欧神話の「死と戦争の神オーディーン」によく似ている。秋山が指摘する集合的無意識としての「ヤマタノオロチ」は、北欧神話で言うなら「オーディーン」。

麻原のように社会の集合的無意識を憑依させてしまう存在は、いつの時代にも現れる。個々に内在する暴力性を体験させるために。

信じる側の多くが求めているのは「神から選ばれし自分」ってこと。「特別な存在」「神に出会うべくして生まれた自分」、それを教祖は与えてくれる。そして、人は自分の願望達成のための奇跡を望む。

だが神の化身から奇跡を得られるかもしれないという思い込みは、自己への過小評価に繋がる。

「神ではなく、自分の努力と才能で奇跡が起きたのだ」と思ったほうが、人生はより

豊かで楽しいだろう。努力に努力を重ねた末に起きる奇跡。江原によれば「それはグループソウルからのサポート」である。

オウム真理教では教祖が「シャクティ・パット」というエネルギー授与の儀式をおこなっていた。信者たちは教祖のエネルギーを受けることで覚醒すると信じた。実際に人間が「信じる」「願う」ことによって身体をコントロールできることが科学的に実証されている。念じた人は怪我や疾病からの回復が早い。

脳内で念じることはすべて電気信号になる。念じれば叶うというのは精神論ではなく神経細胞レベルの物理反応。人間の身体は脳から発せられる電気信号によって動いている。人体はとってもエレクトリック。瞬間的には電子レンジレベルの電磁波を放出している。

念じる、は願望や欲望とは若干違う。念じ方にはコツのようなものがある。我を弱くして意識をぼんやりさせながら念じるとうまく信号が伝わる、と秋山は言う。武術の極意に通じるものだ。うっすらと念じる。淡《あわ》い思念で思う。強過ぎると外部からの情報をキャッチできない。意識しているようなしていないような状態、ここでも、中道《ちゅうどう》が力を発揮する。

安心し確信がある状態ならば、念じる力の働きは大きくなることが電気的臨床実験で解明されている。

信者たちは、自分たちの念じる力によって起こしていた奇跡を、教祖のエネルギーのおかげだと勘違いしていたかもしれない。

他者を信じる者は自分をないがしろにしがちだ。私たちは何を信じればいいのか？

秋山は「信心」の問題をばっさりと指摘した。

「自力他力は宗教の永遠のテーマです」

私を捨てて神にすがったから上手《うま》くいった。……これは一見、自力を捨てた他力と見られがちだけれど、自分の望みを叶えるために神を利用したとも言える。だったら立派な自力。人は欲望を神にすら投影する。そのことを十分に留意しよう。

江原は「自転車で前も後ろも子供を乗せてトイレットペーパーをぶら下げてダッシュで走っているお母さんのほうがよほど阿闍梨《あじゃり》」と言う。

お天道様《てんとう》に手を合わせ、毎日を日々是好日《ひびこれこうじつ》で生きている人たちは意識せず他力を生きている。

7章

犀《さい》の角のようにただ独り歩め

——霊性をどう生きるか。能力者の人生観

ビジネスとしての霊能

精神世界3・0もついに7章に来た。

これまでの対談で、能力者が観ている世界がどんなものか、どんな価値観で生きているか、ある程度は理解いただけたと思う。

いかに見えないものが見えるとはいえ、能力者も同じ肉体を持った人間。病気もすれば失敗もする。

「病院に入院した時に、看護師さんから『超能力で治せないの？』と言われて悲しかった」と秋山は言う。

奉《たてまつ》られたり、インチキ呼ばわりをされることも辛《つら》いが、もっと辛いのは「あなたは霊能でビジネスをやるの？」と、あたかもエセ聖職者のように見られること。

能力者は能力をつかって仕事をしてよい。それは一般人と同じで。でも、能力をお金にするのはエセ能力者だとか、金満主義だと考える人もいる。特に秋山や江原のようにテレビに出演して有名になると「霊的能力でお金を稼いでいるのは邪道」と思う人が少なくない。

かくいう私もそのひとり。少数民族のシャーマンたちが本業を持ちながらシャーマンをしているのを見てきたので、霊的能力を本業にする人たちに若干の偏見を持っていた。

今や時代は変わった。世界的に見ても「霊能力・超能力」は、個人が持っている才能のひとつであり、それを仕事にして対価を得るのは当然の権利。能力は適正に評価されてしかるべきだ。そういう意味で、秋山や江原は「霊的能力」を仕事とするひとつの道筋を築いてきたけれど、それは端から見るほど楽な道ではなかった。

この章では、ふたりの能力者の人間としての苦悩に焦点を当ててみる。社会の軋轢《あつれき》をどう乗り越えてきたのか。

次の世代の能力者の役に立てば……と、ふたりは正直にその体験と本音を語ってくれた。これは、次世代へのエールだ。

【対話7】特殊な能力を持った特殊な人生の意味

秋山　しみじみ思うんだけど、時代霊とか、業《ごう》と言われるものが具現化する世界はあるんですよ。僕はよく「暴走するドラゴン」と呼んでいるんですが、大衆の集合無意識が暴走して、日本は「戦争バンザイ、戦争バンザイ」とみんなで叫んでいたじゃないですか。原爆が落ちて敗戦になったら「やっぱり平和だよね」と言う。地震が起きたら「福島だよね」と、みんなが福島へボランティアに行って、3か月でほとんどいなくなる……みたいなね。残酷な国家です。認めたくないけれど、めちゃくちゃ残酷な国家だと思う。

「秋山さん、秋山さん」「江原さん、江原さん」と誰もが言った時期があって、静かになると、えらく引きが早い。いやあ～そんなことありましたか？　みたいなね。ちょっと悲しくなる。

江原　そういうものだと思っているから。人生からそういう英才教育を受けた気がする。まさにそれを体験するようにあちらから仕組まれてた。そんな感じ。小学校の時のことだけど、席替えに対して、賛成派、反対派で言い合いになった。私が最後のひとりになった。固執したわけではないけど、一応反対の側。でもまあ、なんだか言い争うのがめんどうになって、それなら椅子を動かそうかなと思った時、担任の先生が私の肩に手を置いて動けないようにした。そして、「最後のひとりになっても、自分自身がこうだと思うことは貫きなさい」と言われたの。そんなこと小学1年の子に言う？

ヘンな話だけれど、今の人生に起きることって全部それに似たことなの。そういう風に人に出会わされて、教育を受けていた気がする。

中学3年で母が死んだ。死んだ時に、サラリーマンになるのは絶対に無理だと思った。それで職に繋がる美術学校に行こうと担任の先生に手紙を書いた。美術の成績がすごく良いわけではないけど、美術をやりたいと伝えたら、返事が届いた。その手紙はいまだにとってあります。「上手な絵は誰でも描ける。味のある絵を描くことが大事だから、江原君が美術に進むことを私は賛成します」って。

世の中には学校の先生を憎む人たちもいっぱいいるけれど、私はほんとうに恵まれていたと思う。うまく会わされて、しごかれている。必ずしもいい話ばかりではないけれど、出会う大人たちに世の中を教えてもらった。「業」とも言えるよね。自分は業が深いから、能力者になっていると思う。人の生き死に、こんなに関わらなくてはいけないなんて、業の深さだと思う。

◆人間不信になった秋山

田口　具体的に、自分の能力を仕事にしていこうというきっかけになったのは、どういうところなんですか。ビジネス、失礼だけど、それでお金を稼ごうという決意をしたというような。

江原　私の場合は成り行きでこうなった。ビジネスにしようと思ったことはなかったです。いつのまにか、こうなっていた、そんな感じ。

秋山　僕と江原さんの違いがあるとすれば、江原さんは霊的エリート。僕はハードワーカーというか、戦士のように悪いところにばかり行った。歌舞伎町《かぶきちょう》のど真ん中で地上げ屋と丁丁発止《ちょうちょうはっし》やりあうこともあった。

江原　最初に世の中に出たのは何歳ですか？

秋山　13歳。13歳で、「さあ、来たぞ。スプーン曲げだ」と思ったら、半年で叩かれた。敵は朝日新聞の論説委員ですから。利根川進《とねがわすすむ》さんとか、すごい学者さんたちが「秋山君、これからはスプーン曲げの時代だよ」と言っていたのに、社会全体がコロッと変わって。「なんだったたっけ？」ってみんな言うわけ。芸能人の変わり身の早さ。

田口　人間不信に陥りますね。

秋山　不信どころか「いつか社会革命をやってやろう」と。国会で質問攻めにして首相をやっつけてやろうとか、それぐらいとことんやさぐれていた。「なんでもいいや」という感じで。最初は自暴自棄《じぼうじき》から始まるんですよ。あんまり自分のことを考えたことは……。気がつくと、導かれていたのかとは思うんです。

もともと僕の祖父は、（静岡県の）清水銀座で大きな漢方薬店をやっていた人、町のフィクサーですよね。清水は、大人になるとみんな体に色がついてくるんだと僕は思っていたぐらい、入れ墨の人が多かった。伝説だから、清水の次郎長は！　そういう荒っぽい町の荒っぽい時代に育ったんです。当時は、入れ墨の人たちと警察官がうちの漢方薬店の奥に来て、一緒に水面下でやりとりする。世の中の裏表っていうもんを丸々じいちゃん家《ち》は具現化していたらしい。

うちの父親はじいちゃんのそういう気質に反して官僚になったんですよ。最後は静岡県の企業局長までやるんだけど。名古屋大学へ行って経済をやったインテリで、しかし、一所懸命に町に尽くし抜いて辞めた。

父親がそうだから、僕も公務員になろうと思って警察へ行ったんだけど、警察はいささか勤まらなくて、在野《ざいや》へ出る前に辞めちゃって。今度は悔しいから、もう一回、郵便局を受け直したら郵便局の貯金保険課に配属になって、貯金保険の勧誘をまじめに制服を着てやっていた。7年いたんですよ。頭を下げるのと集金するのが仕事で、それは非常に役に立って、その後、世の中がバブルだったから、「秋山君、東京へ出てブイブイやろうよ」みたいな人たちが多くて、僕、なんかむしゃくしゃして衝動で6000円くらいしか持ってなかったんだけど、東京へ出ちゃったの。

実際には食えなくて、(牛丼の)吉野家の当時の店長に頼んで転がり込んで、吉野家の余り肉を食いながら生活していた。その時でさえやさぐれていた。ところが、バブルだから、教材の営業をやって、「これから大きくなるから」っていう社長と仲良くなって、その人の会社でわらじを脱いだんです。そうしたら3年目にしてその会社が年商数十億円になった。教材ブームで。教材を学びたくて送ってくる申し込み書類を切るだけで手が腱鞘炎《けんしょうえん》になるの。部屋が埋まっちゃうんです。すごく儲かった。

◆精神世界で食べていくということ

秋山　教材というと精神論の人たちが多いんです。精神論を解くモチベーターの人たちがいて、いわゆる自己啓発セミナー。今度は、その卒業生たちがどんどん宗教家になっていく。ジグ・ジグラーとか、説教する宣教師さんのビリー・グラハムとか、ああいう人たち。マーフィーは亡くなったけれど、奥さんに会いに行きました。未発表の原稿があって、その版権を持って帰ってきて日本で出したりとか。僕も出版社をつくらせてもらって、それで雑誌の編集もやっていたんです。

その時に、精神世界は面白そうだねと言ってきたのが、船井幸雄《ふないゆきお》さんだった。稲盛和夫《いなもりかずお》さんも、僕たちを連れて「超能力経営」というテーマで講演して歩いてましたから。「じゃ、秋山君、(スプーン)曲げてくれる?」みたいな。そんな感じ。面白い人たちもいっぱいいた。話が面白ければすぐ「お金、出そうか」という人たちがいて、「別に回収できなくてもいいよ」というゆとりもあった。

江原　ユリ・ゲラーさんから違うんじゃないかな。ユリ・ゲラーさん、秋山さんと変わっていくんだと思うけれど、それまでの時代って、全員こうじゃないですか(お祓《はら》いのしぐさ)、超能力者は。

秋山　社会が、能力者が幸せになるなんてことを許さなかった。さっき職業の話があったけれど、バブルの頃に僕は初めてカウンセリングとか、人の相談に乗ってお金を取るとか、セッションをするとか、そういうものが仕事として成り立つ世の中のイメージができてきたんです。でも、その時にはまだ宗教的な人たちは「秋山さん、お金を取るんだよね」と平気で目の前で言う人たちがいっぱいいたし、「お金を取るということはインチキでしょ」って、わけのわからないことを言う。画家がなぜキャンバスに絵の具を塗っただけでお金が取れる？　みたいな人がいっぱいいたから……。

まずそういう感覚を変えてもらいたいと思いました。だけど、お金をいただく以上、サービス業だから、どういう資質でもって気持ちよくなってもらうのか、どれだけ感情に寄り添えるのか。ビジネスは相手の感情に寄り添わなくては、ということで、苦労しました。今もしています。

田口　おふたりは自分のところで直接受ける個人相談をほぼやめていますが、今でも強引に「個人相談をしてくれない？」とかいう人はいますか？

江原　やめても、「個人的にしてくれない？」と言う人は多いから。基本的に、簡単にわかりやすく言うと、霊能者と魔法使いは違います。と言っても、わからない人が多い。霊能者を魔法使いだと思っているから、自分の意に沿うようにしたいという小我《しょうが》なんですよ。だから、だいたい100人来て、まあ、同情できるなというのは1人ぐらい。全体の中のスピリチュアルなこと、霊的なことが原因なのは1割。そんなもん。少ない。
だから、そういった人が来ると、「ほんとうにこのために生きていた」と思う。霊能者冥利《みょうり》に尽きるって。そういう時は儲かるとかなくて、もういらないです、どうでもいいってなる。でも、めったになくて、多いのは、「なんとかして」みたいな。あなたの中に起きていることなのに、依存ですよ。
秋山　かつ、たぶん江原さんも同じ感覚を持っていると思うけれど、この人にどこまで言ったら届くかというのが、わかっちゃうんだよね。
田口　えっ、そうなんですね?
江原　言ってもムダということもわかる。
秋山　昨日も、電話がかかってきた、ある人から。とにかくダンナが悪い、ダンナが悪いという話。前からその人に2、3回相談を受けているんだけど、突然かかってくる。ダンナがこうだ、私はほんとうに寄り添って頭を下げているのに、いつも詫びるのは私。ダンナが悪い、ダンナが悪いと言っているけれど、僕からすると、その人はいいところのお嬢さんで、全然人に気をつかわないし、「いやいや、悪いのはあなただから」とここ(喉)まで言いたくなる。そういう現実が目の前でわかるし。
江原　だいたいみんな、ほんとうのことを言うと怒ります。なんで怒られるのだろうって思う。

秋山　それでネットに「最低のカウンセリングでした」と書く。「金返せ」って。
江原　いえ、あなたが勝手に来たわけじゃない？って。
秋山　そしてさらにニセモノの霊能者はみんなワザが上手くなっていて、ずーっとクライアントを持ち上げておいて、もう飼い慣らしてしまい最後に洗脳する。「ああ、この人、上手いなあ。自分もこういう風にできたらすごいのに」と思うこともあった。こういう能力者の信者はニセモノに心酔して本物をひどく叩く。
江原　私もあります。「こういう人間はダマされるだろうな」と思うことが。
秋山　ほんとうにねえ。いろいろなところに「10万払った」「20万払った」と言って、最後に回ってくるわけです。こちらに。
　昔、腹が立ったのは、ある有名な社長が僕のところに電話をかけてきて、「秋山君、宜保《ぎぼ》（愛子）さんところに直接電話したら、3年待ちだというので、秋山君に200万払うから、宜保さんと会わせてくれないかな」って。「すぐ相談したいことがあるんだけど」と。もう「直接、行ってよ」っていう話ですよ。
田口　コーディネート料だけで200万ですか？
秋山　そう。でも、その人って失礼だよ。同じ八百屋に、ライバルのあそこの八百屋へ行って、きゅうりを買ってきてくれない？ってことでしょう。

江原　宜保さんって、私は知らないんだけど。

秋山　宜保さんはサービス精神が旺盛で、マスコミの過剰な要求に応え過ぎたところはあるよね。中世の城へ宜保さんを連れて行って「コワイわあ、またついてきた」。そこでガチャンと後ろで音がする……。わかるんですよ、誰がそれをやっているのか。

やっぱり大変だったと思う、宜保さんの葛藤《かっとう》。テレビは放送作家が台本をつくって持ってくるんだよね。「こういう風に答えていただけます？　どうですか？」って。辛いけど、それに乗っかったほうがラクってことがある。

江原　霊能力のある人たちはメディアに翻弄《ほんろう》されてしまうことが多い。船越富起子《ふなこしふきこ》さんのように、霊能力者も世の中に興味があるほうがいいと思う。そのほうがキャッチしやすい。

船越さんみたいにインテリな人は、いろいろな知恵があるからかえってダメだとよく言われたけれど、私は、ああいう理性的なほうが絶対にいいと思う。世の中の霊能のある人たちは、みんな「ああ、そんな気がする」「そんな感じがする」「何か見えたような」というだけで、あまり勉強していないから。

◆超能力は人生をどう変えたか

田口　生きる上で、霊的な能力を持っていることが、どんな気づきをくれましたか？

秋山　それはけっこう深い質問だと思うな。人間って、知ると元に戻れない。知る前に戻ることはすごく難しい。僕は13歳で霊的な世界を知っちゃったわけです。ちょっともう、カタギというか、それ以前の世界を忘れつつある。最近、墓場へ行っても怖くなくなったし、霊が歩いていても普通の人間のように扱ってしまうし。それを除いてはもう考えられなくなってしまっているんですけれど。

あえて小さな時の記憶を思いだすと、やっぱり合理的に考えようとした本能みたいなものがあったように思う。うちの父親はマルクス経済をやって、科学寄りの考え方の権化《ごんけ》みたいな人で、10代の前半はけっこうそういうものを観察して染みついていたように思うんです。でも、そこに霊的な体験が起きたから、今になると、子供返りじゃないけれど。もう1回、分析し直そうと思って学問をしたりしている。論理的に区分けしようとしているなと思います。それはランディさんに「秋山さんは分析的だから」と言われて、ハッと気がつくことがあって。

逆に言うと、高校とか、20代くらいの時が一番分析しないで、なんでも一緒くたに考えていたからラクだったです。

田口　たとえば、多くの人は、霊的な真実を知っていれば、この世の人生でそんなに悩まないだろうと考えるんですけれど。

秋山　確かに、全部内包してしまっている時の状態、20代の時の状態って、感覚的に言うと、世界征服できそう、みたいな。俺を中心に世界は動いている、というライプニッツ的単子〈モナド〉論なんです。

たとえば、新宿のビル街を歩いていると、「あのビルは〜」とちょっと思っただけで、ビルに触る感覚が来るんです。ゴム人間の手が伸びているように感じるから、なんか世界と自分を切り離せなくなっちゃうんです。何でもできるという感覚があって、時あたかもバブルで、ほんとうにできちゃったし。思ったことを3か月間ぐらいで具現化しないと、かえってイライラするみたいな。

だけど、感情の使い方という面では、全然普通の人だったとも思う。普通に怒って、イライラして、普通に喜んで、楽しんで。結局、どんな状況でも人間という座標はあんまり変わらないね。普通のお兄ちゃんのまま世界がカオスになった。その状態は、なんとなく癒やされるし、ラクではあった。

田口　秋山さんも昨年60歳になりましたね。13歳の覚醒《かくせい》から47年間、霊的な世界認識で世界を観察し続けてきたわけです。今や相当、感情レベルでも精神レベルでも変化したのではないですか?

秋山　だから、一番ヤバイのは、ヤバイというか、**「あっ、今日はここが痛いから、こういう現象が起こるな」という感じがする時があるんです。**右腕のあたりに、このタイプの痛みとこのタイプの温かさが同居する状況は「あっ、誰か官僚が辞める」とかね。そんなヘンな関連性に気づいてしまうことがあって、**からだが宇宙と連動してヘンな感覚になる。**これって霊能の中でも異常な感覚だよなと最初は思っていたんです。ところが、戦前の霊能者とか教祖の話を聞くと、社会の情勢が体に移ってくる人って何人もいるんですよ。

田口　それが起きたら、今はどうしたいと思っているんですか？　これはコレとして、ふだんからよく起こることだから、あんまり気にしないという感じなのかな？　それともそれを知ることが、自分にとって何かのアクションに繋がるのか？

秋山　そこがまたわからないんだよね。少しずつ予言的なこと（しくみ）がわかるようになってはきている。つまり、社会の動きが先にこっちに来ることが起こってきた。だから、未来のことをちょっとはアピールしたいという気持ちが出てきて、それでYou Tubeで毎年「来年はこんな風な動きでいくだろう」と話をするようになった。

「秋山さんがネガティブな予言をしたからネガティブになった」という言われ方をするのは不本意なので、それとなく……ね。

田口　直感を、行為に結びつけていくのは難しいことですね。

◆宗教の限界

田口　宗教にはもう可能性はないんでしょうか？　私はあるような気がするんですが。

江原　宗教に可能性があるとしたら……。うーん。私はそもそもスピリチュアリズムも宗教だと思う。**宗教哲学。現代は、宗教団体を宗教と言うようになった。私たちスピリチュアリズムは、ある意味、宗教哲学。日本で宗教は今の時代、平たく言うと「信じる者は救われる」「鰯《いわし》の頭も信心」みたいなのを宗教だと間違っていませんか？**　誤謬《ごびゅう》というか。ほんとうは宗教であるにもかかわらず、哲学と言わなくてはいけなくなっているのは、宗教団体だと思われるからです。宗教法人に思われてしまう問題点がある。

田口　宗教学者として秋山さん、どうですか。

秋山　お恥ずかしい限りで。テレビの放送倫理基準の中に、「迷信は肯定的に取り扱わない」と書いてあるんですが、迷信の定義が書かれていないことが大問題。さらにその「基準」の解説に「霊感や霊能等は断定的に取り扱わない」とあって、**現実の放送の現場で、霊能や超能力を否定的に扱うように独り歩きしているのです。**そんなバカな話があるかと思う。最初からそこにコップがあるという話を否定的に扱いなさいというメディアに、どうして平等や人権差別問題が説けるのかと思う。

江原　そんなこと言ったら、キリスト教だってドグマじゃないですか。霊界通信のほとんどはキリスト教のドグマについて語るものばかり。だから、私はイエス者と言う。イエスは人だから。キリスト、キリスト教は宗教団体でドグマだらけ。改ざんもいっぱいされている。

秋山　スピリチュアルリズム側も、世相の影響を受けるんです。さっきの先入観ではないけれど、集合無意識側からのドラゴンのアプローチも強くある。
田口　スピリチュアルは私の若い頃は、ニューエイジと呼ばれていた。20歳の時にシャーリー・マクレーンの『アウト・オン・ア・リム』が登場して、それから『聖なる予言』とか山川《やまかわ》亜希子《あきこ》・紘矢《こうや》夫妻が続々と翻訳本を出し続けて、20代、30代は夢中で読みました。
秋山　実は、「ニューエイジ」という言葉も、聖書寄りの言葉なんです。聖書の預言を受け入れる側の一部が占星術と非常に親しいものだから、占星術の時代予言とか、節目予言とかがあって、それはアクエリアスエイジと。今はまたそれが蘇って、「ここから200年、風の時代なんですけれど」みたいな。

◈80年代ニューエイジの意義

田口　少し時代が進んでいくと、そのうち『神との対話』（ニール・ドナルド・ウォルシュ）が出てきて、あとは引き寄せの法則『ザ・シークレット』が現れて、一貫して、西洋のスピリチュアル・リーダーと言われる人たちの影響を受け続けていますね。
秋山　ニューエイジのテーマは、「解放と自由」。Freedom & breakthrough。自己啓発セミナーがやって来て、あっという間にみんな心酔して現実に戻れない人がたくさんいて、それが、チャネラーのバシャールの「宇宙はワクワクすることが好き。それだけやっていればいい」みたいなのに、呑み込まれていく。

田口　霊媒師のエスター・ヒックスもそうですね。彼らが、自身に何かを憑依させて、チャネリングというのが出てきた。この系列の人たちは、ラッキーな、ハッピーな人生を生きるための方法論をずっと伝えている。それとはまったく相容れない感じで、心霊や超能力、霊媒などのタームが分離し、並行で走っていたみたいな、そんな印象です。

秋山　だんだん精神世界の中でも分化していって、男の子は、ウルトラマンと仮面ライダーを見過ぎたせいもあるけど、とにかく変身したい（笑）。すごく流行った本が、桐山靖雄《きりやませいゆう》さんが書いた『変身の原理』。バカっ流行りした。「オシャレだよね」とみんなで言いながら。その宗教に入らなくても、ちょっとしたオシャレ本になっていった。

江原　流行りましたね「桐山靖雄」阿含宗《あごんしゅう》。若い人たちが入りましたよね。それで護摩行《ごまぎょう》の火は念力でつける。仕掛けはあるよ。

秋山　特に男の子は、能力開発が好きなんです。変身。女子はポジショニングで、自分は誰？というのが来るわけ。

江原　偏差値教育に馴染めない人たちにとって「あたしにはコレがある」という隠れ蓑《みの》、逃げ込む場所だった気がする。

秋山　避難場所としてのニオイはすごくあった。敏感な人たちは「社会が嫌だあ～」という人たちの所に集まる。ヒッピーの頃からそう。「みんな。一緒に山奥で暮らそうよ」。その延長線上として、ニューエイジがあり、一晩中、ディスコとか街のゴーゴークラブで踊って、昼間はパンタロンはいて、路上で寝ている60～70年代。

田口　ニューエイジは、人格改造セミナーが登場したあたりから、うさんくさくなりましたね。多額のお金を払って、自己実現をさせるメソッドが西海岸から入ってきた時に、私は27、28ぐらいになっていたんだけど、行った人たちがみな同じ雰囲気というか、ニオイをまとってきて。すぐわかるんです。

秋山　生まれ変わるような状態。端的な話、ずっと寡黙《かもく》で暗くてコンピュータプログラマーやっていた奴が、突然、大声で『アルプス一万尺』を歌いながら、キーボードを押すようになるわけ。「何があったの?」「知りたい? 言えない」って、「君も来てみる? ある所に…」。

田口　そういう中に江原さんが出てきた。今までの心霊の人とも違う。でもニューエイジとも違う。

◆江原が拓いた、精神世界の地平線

江原　なにが違うかというと、すごく簡単。私がやっていることは、実践スピリチュアリズムなんです。要するに、「役に立たないスピリチュアリズムは要りません」という主義なんです。それがウケた。

心霊現象には流れがあって、第一次心霊現象の時代はポルターガイスト。これは物質的な心霊現象だから、誰でも見れた。物が浮いたりとか。わかった。次に精神的心霊現象の時代になった。これは主観的な心霊現象だから、わかる人だけが「私は見えます」と言って、犯罪捜査をしてみたり、悩み事の相談に乗ってみたり。そういう時代が来た。

それから次の時代になって、次はヒーリングなんです。ハリー・エドワーズをはじめとして、「ヒーラー、ヒーラー」とか言って、いろいろなことをデモンストレーションして、医学では解明できないものもヒーリングで何とかしますと。この辺りからちょっと実践に入って来た。あの時代に、ジョージ・チャップマンだ、モーリス・テスターだの、ヒーラーが山ほど出てきた。だけど、そのあと、しゅんとなってしまったのね。

その後は霊訓の時代と言って、メッセージを聞くという、モーリス・バーバネル(26)とかのシルバー・バーチでもなんでも、ホワイト・イーグル(27)から何からそういうのをやって、みんな「なるほど」と理論ずくめでわかる時代が来た。それがずっと進むかというと、そこももう終わった。あのね、シルバー・バーチなんて日本だけですよ、向こうではもうほとんど知られていない。ホワイト・イーグルも廃《すた》れています。

田口　日本はガラパゴス化している？

江原　そう。私はシルバー・バーチを強権主義と言って噛《か》みついてます。だって「シルバー・バーチに書いてあるから」と……それをやったら、どんな引用もできる。あのワードの中からすべての予言を出そうと思えばできちゃう。

で、今は実践の時代。これは私がつけた。たとえば『天国からの手紙』という番組がそうなんだけど、死者の声を聞くことでグリーフケアをしている。

たとえば、今からの時代、脳死が是か非かなんて、スピリチュアルな視点がないと答えが出ないと思うの。安楽死がいいか、悪いかは、医学だけではなくて、スピリチュアリズムとしての、スピリチュアルな世界からの視点がないと。

なぜ、脳死を死と認めながら麻酔を打つの？　なぜ涙を流すの？　痛がるの？　とか。私の霊視の世界から言ったら、完全に魂がシルバーコード(28)が離れてマジックテープみたいなのが全部剝がれて、それが死なんです。でも、脳死は繫がっているんです、停止していないから。だから、これをどうするかが問題。

安楽死もそう。自殺と安楽死の違いはどうする？　ただ安楽死をって言われても、どの道、最後はホスピスとか鎮静というのがあると、もうほとんど死んだも同然でもう目を覚まさないから。でも、だからって鎮静を安楽死と言うのか、言わないのか。**僕は尊厳死は賛成派なんだけど、安楽**

死はやはり反対派なんです。けど、条件があるなとも。より現実に根付いたスピリチュアルというのを、私はやってきた。そしてこれからも実践していきたい。

◆コロナ時代のメンタル管理法

田口　見えないものが見えることで、他の人と価値観が違ったとしたら、どんなところですか？特殊な能力を持っていることで、特殊な体験をたくさんしたと思いますが、今、考え得る最も特殊な体験を教えてください。

秋山　最も特殊なねぇ〜。何だろうね。一度、先祖霊一同と会議をしたことがある。後ろにズラーッといるんですよ。代表者が来て、色とりどりで、顔色も違って、外国人の先祖もいて、テレパシーで話をするんだけど、普通に会話ができちゃう、頭の中で。

田口　それはどういうシチュエーションで、そういうことが起きたんですか。

秋山　コロナとか、命の危機感とか、未来はどうなるかとか、いろいろなことをぐちゅぐちゅ考えていたら、突然そういう場が出現した。夢というか、白日夢《はくじつむ》みたいな。部屋の中で、突如世界が変わってヴィジョンが見える。記憶としてはうすぼんやりしているんだけど、これから先、どれだけ慌てないかみたいなことの方法論を教わった気がする。その後は、ヘンにうろたえなくなったような気がする。

田口　方法論を覚えていますか？

秋山　「背中だ」と言われたんです。面白い話なんだけどね。よく丹田《たんでん》と言うじゃない？　そこに集中すれば落ち着くツボみたいなもの。それはだいたいヘソ下5センチ、その奥5センチぐらいにあると、古い文献には書かれているんだけど、それがどうしても背中の後ろにあると感じるんです。つまり、その時のレクチャー内容を後々思い出したんだけど、要は現代人はからだの上をつかうことが多いので、丹田が上に上がっている。移動して、肺の後ろ辺りにある。そこにある丹田を動かそうとして、肩甲骨《けんこうこつ》を立体的に動かすと、ものすごく元気になるということがわかって、それからやたらこんなことをやったり（腕を回すしぐさ）、肩甲骨を動かして、首も動かしてアプローチしたら、ものすごくラクになった。

田口　実用的なアドバイスですねえ。

秋山　どうも丹田の集中点がそっちに移っている。チャクラ論に繋がるんだけど。そこを緩《ゆる》めないと、ここから先、心が病むよという話。

田口　江原さんはどうですか？　能力を持ったことはどう受け止めていますか？　この能力を誰がなんのために与えたと思っている？

江原　2通り考える。与えられたものとも思っているし、自分の業だとも思っている。

田口　カルマ、宿業《しゅくごう》？

江原　だって、霊能者なんて業が深いと思う。よほど前世、過去があったから。人の苦しみや念に寄り添って生きるということは、よほど勉強してこなくてはいけない人生として生まれて来たのだと思う。

自分でそう決めたわけでしょ？　生まれてくる時、「お金なんてなくていいです」「病気もしてみたいと思います」など、とても優等生的なことを言ったのだと思う。それで（この世に）来ちゃって。言わなきゃよかった、みたいな。

田口　能力を持って生まれて来ることを自分で選んだ？

江原　そう。能力が大事だったのではなくて、ひとつのバーベルとして、能力というのが必要だった。僕の人生はすべてがマイノリティーなんですよ。生まれて父が死んで母子家庭。すべてが普通じゃない。スピリチュアルの分野は一番理解されないでしょ。多数決でいったら、僕は全部少数派。多数決が絶対に正しいかどうかと、いつも思う。

◆商品化された〝江原啓之〟

田口　江原さんが有名になっていくきっかけってテレビだと思うのですが、江原さんにとって、テレビに出演したことは、どんな学びだったのですか。

江原　私個人としての人間の成長の学びだったかもしれませんね。学びということを言ったなら。

普及という目的は果たせました。だけど、私個人のことにおいては、学びでした、すべて。この世のすべての泥を見せていただいたという感じがする。
田口　泥？
江原　泥。だって、自分はカウンセリングルームにいて人の相談だけを毎日受けていたら、この泥、闇は見ないもの。
田口　どんな闇が見えたんですか？
江原　だって、泥というか仏教思想みたいなもので、僕も自分の歌の中で作詞しているけれど、泥って汚いけれど栄養がいっぱいあるでしょ。そこに咲く蓮《はす》の花のようにならなければいけないという意味では、やっぱり人の野望、だってお金のこととかだって、こんな僕が何回騙されて持ち逃げされたか。
田口　それはテレビに出たことと関係あるんですか。
江原　やっぱりテレビに出れば、要するに商品になってくるから。
田口　要するに、テレビに出るということは、江原さんが江原啓之という商品化されたことになるんですね？
江原　そういうことです。そうすると、自分の意思とは違うものが動き始めるわけです。テレビ局がそうでしょ。いきなり大芸能人のように扱われて、お偉いさんたちが寄ってきてくださる。

もうびっくりです。生まれた時からいろいろな苦労があるんで、あまり調子に乗らなくて済んで良かったと思います。でも、今にして思えば、1回くらい調子こいておけばよかったなーと。だってその時しかできないんだから。「ねえ、サンドイッチ、買ってきて！」みたいなこと、やっておけばよかった〜。

田口　性格としてできないんでしょ？

江原　できない。「ふ〜ん、俺を誰だと思っているの？」みたいなの、一度やってみたかったな。今にして思えばね。だから、よく若いタレントが売れたから天狗になっていると言うじゃん？　いいって、やれるうちにやっときなと思う。どうせできなくなるんだから、そのうち。

田口　とにかくすごい持ち上げ方をされたということ。

江原　そう。マスコミはしますよね。秋山さんもそうだけど、持ち上げといて叩き落とすのもすごいでしょ？　だから、そういうようなこともたくさん味わってきて。鵜《う》の目鷹《たか》の目。ホントに〈エレファントマン〉みたいに見られる時もあるわけ。そういう経験というのは、そうそうできない。とはいえ家庭があって子育てもしていたから、大変でしたよ、家族のことも守らないといけないし。

◆母の教えを証明、探求する旅

田口　人は信頼できるものだ、神様と繋がっている存在だ、と江原さんが確信しているのは、お母さんの影響がありますかね？

江原　すっごいあります。母から教わったのかもしれない、スピリチュアリズムを。母が霊的なことを言ったというわけではないけれど、実は母は父親違いの子なんです。母が再婚して生まれた最初の子が母なんです。時代というのもあるんだけど、やっぱり差別されて育ったと思います。

田口　幼い頃から苦労なさったんですね。

江原　そう。だから、人に対するにはとても厳しくて、電車を案内するのに一緒に乗らなかっただけで、口をきいてもらえないぐらい怒られた。なんでこの人は、そこまで人に対して良くするんだろうか？というのがあった。人にしたことは返ってくるからというのが母の信条だったんです。「人に対して良く しなさい。そうしたら自分に返ってきて、生き延びていけるから」というのが最期の言葉です。

田口　お母さんがふだんからおっしゃっていたことが、スピリチュアリズムとピシッピシッと合致していって、「あっ、これがひとつの体系としてあるんじゃないか」と？

江原　そうなんですが、それでいて矛盾も感じたわけですよ。だって母が亡くなった時が15歳だからね。「真面目に生きていれば報われるよ」って、いったい誰に報われるの？「世の中にはもっと大変な人がいるから」って、自分が最低だったらどうするんだろうとか、世の中に不幸な人がいたら自分と比べて幸せだと思うわけ？とか。ああ……世の中はほんとに矛盾だらけだなあ、と。

田口　15歳にしたら、そうですよね。世間の価値観、全然違うし。

江原　それが探求する道に入るきっかけですよね。どうにか答えを出さないと、こんな矛盾した世の中に生きていたくないって。人というものは現世においては、すごく小我。自分自身の身を守ることだけを考えて生きている。この現世は、物質的価値観で本音と建前が違う。**この険しい障害物競走みたいな現世で、いったいどうやって妥協しながらスピリチュアリズムと向き合っていくのか。どうやって自分を許していくのか。**

よく冗談話で「片手に夢、片手にそろばん」って言うけれど、本当に「片手に使命、片手に現実を見る」というのがありました。

◆霊能者江原の葛藤

田口　江原さんの魂の目的は？

江原　「伝える」ということ。自分と同じように苦しんでいる人、いろんな闇の中に生きている人にそれを伝えないといけないという思いがあった。けれども、闇でも違う闇？　現世で自己保身のためにある闇を上手く計算しながら伝えなくてはいけないという社会勉強をさせられた。

霊能者って割にバランスが悪い人が多いです。ピュアといえばピュアなんだけど、何も知らない人。私の場合は日本国中の霊能者の中で自分が一番と言えるものがあるとしたら、バランス感覚だと思う。

理想だけではダメだという現実。たとえ人から悪く言われても経済活動は大事。私は虚飾《きょしょく》というか、それで生きようという気はまるでない。けど、この世では、たとえば学舎をつくるとか、場をつくるとか、形が必要。これも舞台なんです。私を悪く、くそみそに言う人は別にいいんだけど、そうじゃなく私に救われたと思っている人たちのためには、最後までカッコ良く生きなくてはいけないと思っているんですよ。要するに、カッコ良くというのは虚飾という意味のカッコ良くではなくて、誰かが「江原さんの言葉で救われた」というのであれば、「ああ、江原さんは、いつもこういうことを思ったり語ったりして生きているのね」という……それを示すステージが必要だと。真理と向き合って生きている、みたいな風に示すことも、自分の使命と思っている。

田口　「真理と向き合って生きている、みたいな風に」と言っているところが（笑）江原さんらしい。そういう自分への客観性はすごく大事だなあと思う。信頼できる。

江原　おかしいでしょ？　ほんとうは葛藤《かっとう》して生きているんだけど。

田口　これ書けないかも（笑）書いてもいいですか？

江原　赤裸々《せきらら》に語っているんです。……サービスだと思う、人生って。マザー・テレサだって、結局あの人自身は何も要らないわけじゃない？　だけど、パフォーマンスしていますよ、彼女。ピオ神父もそう。

田口　キリスト教の広告塔として、最速で聖人になってますものね。

江原　それでいて、キリスト教からはさほど大事にはされていなかった。

田口　死んだ後にいきなり持ち上げられた。

江原　マザー・テレサもバランス感覚の優れた人。私の中では常に奉仕の人生というのがあるから。そこがスタート。テレビに出てそれが売名行為だと言われても、売名じゃ食っていけないし。売名でお金が入るならすごくいいことだけど、すべては奉仕のため。私が活動する理由は世の中に対する貢献。スピリチュアリズムとはそもそもそういうものなんだと思っています。

ピオ神父という人も、サン・ジョバンニ・ロトンドという巡礼の地で、17床ぐらいしかなかった田舎の病院を何千床の有名な病院にしたって。そうやって財を持ったら、ローマカトリックからイジメられて、幽閉《ゆうへい》されちゃった。だけど、ピオ神父は自分の儲けは考えてもいない。だから「すべてはローマ教皇、ローマカトリックのものです」と言ったら、それならいいよとなった。そういうものだと思うことが大事。人を知り、自分の道を歩む。テレビはそのための学校だった。

◆魂の治療は本人しか出来ない

田口　江原さんは何者ですか？

江原　あのね。私、前世は茶坊主なんです。それで今生《こんじょう》でも茶坊主みたいな生き方をしているでしょ。自分でも笑える。ランディさんは作家ですよ。私は何？ってなると、茶坊主でしょ。時代劇でも「お前、何者？」という感じで出てくる。侍でもない、ほんとうの坊主ともなんか違う。まさに自分だと思うんだよね。いろいろな方たちにお目にかかり、一応生き方なんか伝えたりして、相談なんかに乗っちゃって。

私ね、前世は人の妬《ねた》みで陥れられて死んじゃったんですよ。いやあほんとうに今生は注意しなくてはと思うけれど、妬みばっか。ほんとうに前世ってくるよねえ。だから、これを乗り越えなくてはというのがあった、負けちゃいけないって。

田口　妬みって怖いな。

江原　怖い。で、前世で悶死《もんし》しちゃったのね。お医者さんにね、「悶死って、どういう死に方なんですか」と聞いたら「餓死《がし》ですよ」。ああ、だから、食べることにすごく興味を持つんだと思って（笑）。

たぶん、日本の皆さんの潜在意識で持っている霊能者というのは、「こうしなさい」「ああしなさい」と言ってくれる一番ラクな存在。お告げとかを伝えるだけと思っている。私は、霊能というのは、病院で言ったら、レントゲン室だと思ってる。レントゲンは治療じゃないの。治療は医者がすること。**霊視、霊聴はレントゲンなんです。レントゲン室に行ってきて、「ああ、あなたにはこういうのがあるわけね。ああ、なるほど。前世も含めてあなたの思いグセはこうやってできたわけだ。それで今、こうなっているのね」と**。ここからが大事。

「今どうしてこういう目に遭っていると思う?」って、そこからが治療だから。魂の治療は本人しかできない。霊能なんてレントゲン以上でも以下でもないと思っている。

◆日本人は教義より空間を信仰する

田口　日本では、いまだに西洋からスピリチュアリティーリーダーの高額なワークショップで、スピリチュアリティーに目覚める若い人たちがとても多くいます。東洋的なものと西洋的なものは、今、どういう状況になっているんでしょう?

秋山　気がつくと、不思議な国民性というか、いまだに学術的には、日本及び日本人の定義はまったく結論が出ていない。曖昧なまま日本及び日本人観をつくってきて、なんとなくいつも山に神秘性を感じていて、そうしながらもクリスマスをやり、花祭りを楽しみ、お正月、初詣を頑張るみたいな。宗教が大好きなんだけど、僕からすると、**日本独特の、ほんとうにからだに染みつ**

いている宗教観って、空間信仰だと思う。お伊勢参りなどを見てもわかるけど、ある空間に行けば癒やされる。徹底した空間信仰。

逆に言えば、どんな宗教が海外から入ってきても、空間信仰に置き換えてしまう。「教会に行くとさあ～」みたいな。教会で何を説いているかも、あまり考えていなくて、とりあえず教会へ行くとさあ～、気持ちいいんだよね。落ち着くんだよねって。

海外へ行っても、ルルド(29)がさあ～とか、ファティマ(30)がさあ～とか、なんかやたら空間信仰なんです。

でも、西洋のスピリチュアルをやっている人たちと話をすると、空間信仰って逆に稀有《けう》。少ない。誰が説いて、どういう教義で、何年頃で、どういう経緯と歴史でもって私たちに接続されているか。非常に意味寄り、物寄り。人に寄ったり、教えに寄ったり、テキストに寄る。

僕たちは、そこがよくわからない、全然感じない。入ってこないんです。

田口　なので、海外からやってくる外国人タレントの方たちは、少数民族の教えみたいなものをわざわざ私たち有色人種に説いてくださるんでしょうか。

秋山　そういう外タレ、外タレって言っちゃうんだけど(笑)、外タレの人たちの中でも、フォースかパワーかという論理が、最近になって改めて客観的に見ようとしている動きがある。フォースか、パワーか？　場なのか、何かに依拠する力なのか。日本は徹底的にフォースなんです。だから僕は『スター・ウォーズ』でヨーダが「フォースをつかうのだ」と言ったのを、翻訳者は意味深げに「理力」と訳したんですね。西洋の言葉でフォースは直訳すれば力場、空間。でもこれを「場」と訳していたら、日本人には当たり前過ぎてわからなかった。「場をつかうのだ」と言われてもね。本質的なものは「場」なんだけど。「理力」と言ったのは面白かった。

日本的な宗教観というか、精神世界の考え方、それはすごく強い信念というか、染みついた生活感、ネイティブアメリカンとかアイリッシュの宗教観などと似ていて、自然という場がすべての宇宙の総合総事象であるというようなもの。

僕はやはり山がポイントだと思う。身体の空間論です。たとえば日本人は心を腹という言葉に置き換えるでしょう。自然界だと山という言葉に。要するに、自然界の山と、腹と、丹田と、心が同一視されている気がする。日本地図を人間の身体に当てはめると、ちょうどお伊勢さんの辺りが腹の丹田に当たる。ハートのチャクラは出羽三山《でわさんざん》です。

田口　ああ、それはまさにアイヌ民族の世界観です。

◆秋山の死生感

秋山　とにかく、日本人は、受け入れるということに関してはすごい。明治にあれだけ強烈に西洋合理主義が入って来ても、すぐに東洋的な、すべて丸め込む概念に戻しちゃうんだから。西洋ではそういうものをカオス（混沌）と呼んで、混沌を分けていくところから科学ができている。東洋思想と西洋思想はお互いに相容れないものなんですよ。相容れないで、両極に置いておいて、ひとつの立体視ができる基準にしなくてはいけない。

田口　太極論ですね。

秋山　そうそう。両極をちゃんと見れば、行き来ができるようになる。グラデーションが楽しいんだ。日本語にはグラデーションを表す言葉が実に多い。芸術にしろ、文学にしろ、そういうグラデーションと奥行きがわかっている突出した人たちのレベルが、この国は高いなと思う。

田口　秋山さんは以前から自分の死ぬ時がわかっている……と？

秋山　今それを言うと、周りの人たちから「秋山さん、後ろ向きだ」と怒られる。

田口　実は私も言われた時にドキドキした。あんな風に自分の死ぬ年齢をあっさり言う人にはじめて会ったので。だからここではあえて年齢は伏せさせてください。

秋山　××歳。２回確認して、２回ともその年齢が出てきたので、けっこうカッチリしているのかなあとも思う。その年に、名前を雅号《がごう》か何かに変えれば大丈夫なのかなとも思ってみたり。それぐらい怖いというか、迷うことは事実ですよね。

よく死は生の対極だと言うけれど、ほんとうは生が終わる瞬間で、生の対極ではない。死は生の断面。でも想像がつかないですよね、人生がプチッと終わるというのが。だから、僕たちは、いかに生きることに付随するイメージを持っているかってことなんですね。怖いというよりも、わからない。ほんとうにわからない唯一のものかもしれない、死は。僕でもわからない。僕の死は。だからその瞬間までね、全身全霊で走り抜けようと思います。

終章 対談を終えて

――なぜ、この三人がいま精神世界を語ったか?

精神世界の智恵を伝え、共有するために――秋山眞人

僕は、精神世界という括《くく》りの中で長年生きてきました。精神世界と言うのは宗教的なニュアンスの用語で、ここは特殊な業界です。この風変わりな業界にいながら、いかに外部の人と連帯するか、そのことを試行錯誤《しこうさくご》してきたつもりです。

今回、江原さんと対話をしてみて感じたのは、江原さんが常に外の世界の人たちと対話を続けてきた……ということ。それを実感したんですね。僕らは、新しい世界を目指す時に、今いる場所の内と外、特に外を意識することが必要だと思います。

これまで、外側から一方的に書かれたことは多々あった、無理解にこちらを攻撃する人たちも

いて、腹立たしいことも多かった。でも、この頃は、こちら側を批判的に書く人たちの閉塞感《へいそくかん》は、いったい何だろうか、と、そのことを考えてみるんです。理解されなくてもいいが、理解してみようと。

一時期、精神世界では「わくわくを探求しよう」という傾向が強くなった。いわゆるポジティブ・シンキングで、ポジティブであればすべては上手くいく、みたいなね。

しかし、僕は思うんです。ただ、わくわく楽しくしていればいいってもんじゃないだろう、と。それは嘘だろう、と。ポジとネガは表裏一体ですからね。それよりも、命を懸けて遊ぼう、そう、命懸けを感じながら生きようと。

冒険って、「よし、今から冒険だ」ってだけで楽しい。それは危険がつき物だからですよね。精神世界の冒険性を忘れてはいけない。危険を考えながら、思いっきりポジティブに作業する生き方の中に真のスピリチュアルがあると思いますね。

オウム事件など、いろんな問題があって、いつのまにか精神世界はかなり内向きになってきている。自分たちだけで閉じていき、わからない人はいいや、みたいな。信じている人同士でやっていけばそれでいいや、みたいな風になってきていると思う。どうせ、言っても信じない人は信じないし。だから、私たちだけアセンション、私たちだけ神様に好かれて、私たちだけ癒やされれば……的なね。それではつまらないと思うんですよ。

今回の江原さんとの対談は僕にとって大冒険。すごく刺激を受けた。モチベーションをもらった。実は、能力者同士が交流することはあまりないんです。お互いに牽制《けんせい》し合ってしまうところもあって。でも、やっぱり、共通の時代を生きていた仲間に会うとすごく励まされました。

僕は、数年前まで大学院にいたんです。院では論文を書くことで、自分がどれくらい自覚的に物事を見ているか、それを精査する練習をさせてもらいました。これまで、信憑性《しんぴょうせい》を問われたり、批判をされたりすることが多かったけれど、逆に研究者として批判する立場に立ったわけです。これは、ほんとうに勉強になりました。批判する側の論理がわかると、どう答えていいのかも見えてくる。僕が大学院に行ったのは、世間というものの誤解に反論し、自分の考えを聞いていただくためなんです。

江原さんの話を聞きながら、ああ、江原さんも闘ってきたんだな、そして、反論するためにたくさん勉強してきたんだな、とわかった。世間の人が気づいていない考え方の偏《かたよ》り、そういうことに江原さんも闘ってきた歴史を感じた。戦友という気がしました。

この本を読まれる方は、多少なりとも精神世界に興味をお持ちだと思います。精神世界の問題点は、学問の世界と違って体系がしっかりできていないことです。特に日本の場合はそうです。非常に混沌《こんとん》としている。いろんな人たちが、それぞれ勝手に言いっ放し。それが精査されずに流布しています。

このデジタル化の時代に、記録すらしっかりとられていなくて、記述も曖昧《あいまい》で、用語も適当に気分でつかわれていて、世代が変わるたびに同じ説明をしなきゃならない。これではなかなか探求が進まないですよね。

なんでだろうって、思うんです。精神世界の原理原則は、本書でも語っていますがそんなに多くはない。霊的に豊かに生きるのは難しいことじゃない。ただ、精神世界の交通整理がされていないので、多くの人は本を読んだり、講演を聞いても頭に入らず忘れていく。もやっとしたまま、新しい情報に飛びつき、結果として同じ轍《てつ》を踏むことになります。人類史においてムダな時間をつかってしまうのを止めたい。

ポジティブ・シンキングがだいたい30年流行ったけれど、それだけでは救われなかったよね。そのことがそろそろみんなわかったと思うんです。

ネガティブ・マネジメントが必要なんです。

苦しい問題って何だ？

問題を整理しないでポジティブ・シンキングにはまっていくと危ない。それは、ブレーキ踏みながらアクセルも踏むみたいな感じ。

残念ながら、21世紀に入っても若い人の自殺者は増えている。全体としては減ってきているんですよ、おじいちゃんおばあちゃんたちはたくましくなっていますから。でも、若い人に増えている。心の世界を若い人にちゃんと語り伝えないといけない。霊的な世界はあるんだよ、ってことをね。自殺なんかしたら幸せに霊的世界には参入できない。

今の若い人は、すごく知恵（knowledge）を持っている。スマホの機能もどんどん増えていって、簡単に繋がれるし、情報も得られる。僕たちの時代よりずっと伝えるツールは多い。あとは、自分が抱えてるネガティブな感情や考え方を、うまくマネジメントできれば、可能性をどんどん引きだせる環境にある。

精神世界には、生きるヒントがいっぱい詰まっている。意識、心をつかって冒険する智恵(wisdom)がいっぱい詰まっているのです。すごくないですか？　心だけで、楽しめるんだからね。僕は子供の頃から身体はあまり丈夫じゃなかった。弱いところはいっぱいあるけれど、心をつかって楽しく元気いっぱいに生きてこられた、これをもっとみんなと共有したいと思っている。

そのためにも、これを機会にさらに外側の人たちとコラボしたり、議論したり、続けていきたい。そうするうちに、内と外というような境界も消えていくと思う。

それだって、心がつくっているものだからね。

精神世界の探求は優しさの探求

江原啓之

この対話を読まれる方は、さぞかし驚かれたと思うんです。

えっ、どうしてこのふたりで対談って。

私がスピリチュアル・カウンセラーとして活動するようになってから、他の能力者の方とこんなにしっかりと対話をしたことはありませんでした。避けていたというわけではないけれど、能力者同士の交流はほんとうに少ないんです。ですが、それがこの世界が閉鎖的になってしまうひとつの要因かもしれませんね。

それにしても、どうして今この対話が実現したのだろうと疑問に思われる人も多いでしょう。

まずランディさんと知り合い、ランディさんが秋山さんと親しいということで、よろしくお伝えください、機会があればお会いしましょう……と、そんなわけでランディさんが私たちの再会を取り持ってくださいました。

私は、秋山さんであったからこの対話が成り立ったと思っています。お互いにまったく違う人生を歩んできましたから、考え方、意見、違うところもたくさんあると思うのですよ。たとえば、私は今回、秋山さんから「精神世界のエリート」と言われて、とっても意外でした。そんな風に私のことを言ってくれるなんて……、と。

秋山さんの意見なら、私は素直に聞けると思いました。マスコミの世界の荒波を乗り越えてこられた大先輩ですし、きっと理解し合えるという確信がありました。

実は秋山さんとの最初の出会いは俳優の丹波哲郎《たんばてつろう》さんの『好きにやらせろ』という番組でご一緒したことなんです。ほんとうに、丹波さんがここにいたらどんなに喜ばれただろうと思います。

番組でお話しした時に、秋山さんて、なんて優しい人なんだろうと思ったんです。ちょっと偏見もあるかもしれませんが、超能力者の方に対しては、攻撃的な人たちという印象のほうが強かったんです。だから、穏やかに相手の話を受け止めてくれる優しい人をあまり存じ上げなかったんです。

番組中でもすごく私のことをフォローしてくださったでしょう。理解しようと努めてくださった。その時の記憶があるから、能力者というよりも秋山さんのことは別格と思っていました。

今回、こうして対話をさせていただき、改めて秋山さんの見識の深さと気配りに感じいった次第です。相手の心がよくわかる。ほんとうの能力者であると思いました。能力は言わずもがなですが、どんな能力者も最後は人間性だと思うんです。

私は読者の皆さんにこれだけはお伝えしたい。

精神世界は、優しさがポイントです。優しさの世界なんです。

若い人たちの事件や自殺が増えていますが、子供たちや若者が望んでいるのは、優しさです。優しい社会です。なのに、どうしてだか、何年経っても優しい時代にならない。

今は、いろんなアニメがつくられていて、若い人たちはみんなアニメを観るでしょう。そこに共通しているのも優しさなんです。優しさを知りたい。優しさで生きていきたい。

現代社会はコロナや、異常気象によって未知なる領域に入ってきました。これから先にどうなるかわからないという怖さがある。だから、ヒーリング、カウンセリングが必要とされているわけだけれど、ヒーリングも、カウンセリングも優しさです。優しさがないカウンセリングなんてダメでしょう。

厳しいこともはっきりと言うので、世の中には、私たちをタカ派だと思っている人たちもいるでしょうけれど、根底にあるのは優しさなんです。間違ったことを伝えたくないと思うから辛《つら》いことも言ってしまう。

これからも、人が求めていくのは優しさ。ほんとうの優しさを伝えていくのが精神世界です。ほんとうの優しさは、分け隔てない心から生まれる。相手と自分を分けていたら、相手の立場には立てないのです。

自分も相手も同じ、神様のかけら。そのように感じてはじめて、意見の違う相手のことを理解していこうと思うでしょう。

精神世界はこの世界を魂の視点でどう見るか、という探求です。それが、優しさの探求です。

そのことがこの本で伝えられたらとてもうれしい。

そして、これからも三人で、第二弾、第三弾をつくっていけたらと思っています。

大好きなふたりを通して精神世界に近づいてほしい——田口ランディ

秋山眞人さんとは、私が作家としてデビューする前からの知り合いでした。20年を超えるおつき合いになりましたが、秋山さんは変わらない。ナイーブな優しい人です。最初はお髭《ひげ》の強面《こわもて》のお兄さんと思っていましたが、実は私より1つ年下です。

江原さんとは、10年ほど前に友人の池田明子《いけだあきこ》さんのご紹介で知り合いました。テレビに出ている有名な方なのに、初対面からとても気さく。下町のちゃきちゃきしたお兄さんという感じの、ほんとうに楽しい方です。

ふたりには共通するところがあります。それは、私が作家だからつき合ってくださったわけではないということ。相手がどういう人であれ、肩書きはどうでもいい。子供のように無邪気で、誰にでもオープンな方たちなのです。

ですが、能力者というだけで、世の中からはいろんな偏見で見られて大変です。有名税だという言い方をされがちですが、ふたりは正真正銘の能力者なので、文化人タレントとは違う悩みを抱えています。

対話でも理解いただけたと思いますが、彼らは人間のことがわかり過ぎて、他者の感情をからだに受けてしまうのです。

私は、秋山さんも、江原さんも、その人となりが大好きです。ですから、なるべくありのままのお二人を読者の方にお伝えしたいと思いました。能力者とは言え、神様ではないのだからなんでもわかるはずはなく、また人間としてさまざまな悩みを抱えながら生きています。

ただ、ふたりは霊的な世界に触れているので、現世で起きることをとても楽しんでいます。辛いことがあった時はへこんでいますし、体調を崩して入院をしたり、太ったり、痩せたり……。秋山さんは「太るのは能力者の勲章」と言います。敏感な能力者は対人関係で消耗するのでどうしてもストレスで食べ過ぎてしまうんだそうです（笑）。

自分を受け入れ、悩み、真理を探求しながら、毎日を精いっぱい生きているふたりは魅力的です。

この本は、超能力、霊能力として抜きん出たふたりの世界観を、彼らの人間性を通してお伝えしました。そうすることによって、一般の読者の方がもっと精神世界を身近に感じて、霊的な世界に興味を持ってくださったらいいなと思い、まとめました。

最後まで読んでくださってほんとうにありがとうございます。

どうでしょうか、「精神世界3・0」が、みなさんのハートにインストールされたでしょうか。

死は意識の終わりではありません。死後にもまだ意識は残ります。幽霊は恐ろしい存在ではありません。もし大切な方が亡くなったとしても、その存在を感じることはできます。潜在能力は無限大です。誰にでも能力があります。ほんの少し、霊的な世界に心をオープンにすれば、新しい発見がたくさんあるはずです。

「精神世界3・0」を起動させてください。

そして、今、生きているこの瞬間を思い切り楽しんでくださいね。

●脚注

(1) **清田益章**　きよた・ますあき　1962―
70年代にスプーン曲げで有名になった超能力少年の一人。ブームが去った後も、テレビ番組にしばしば出演して超能力を披露した。

(2) **寺坂多枝子**　てらさか・たえこ　1920―2012
故・新倉イワオ氏も「これ以上の霊媒はいない」と驚愕した稀代の霊能者。江原啓之が師事。心霊科学協会の講師をつとめる。

(3) **ビリー・ミリガン**　1955―2014
アメリカの強盗強姦事件の犯人。一人に何人もの人格を宿した解離性同一性障害（多重人格）として知られ、小説にもなった。

(4) **物理霊媒**
エクトプラズム（煙のような霊的物質）が出現したり、テーブルが浮き上がるなど、物質的な霊現象。戦前の三大物理霊媒は、竹内満朋と、萩原眞、亀井三郎。

(5) **岡田茂吉**　おかだ・もきち　1882―1955
大本教に入信後、脱退。世界救世教を発足させ、教祖となる。箱根美術館、ＭＯＡ美術館を創設した。

(6)**ゲオルギイ・グルジェフ**　1866（?）―1949
ロシア領アルメニア生まれ。20世紀最大の神秘思想家。唯物論的なオカルティズムを提唱、後世に大きな影響を与えた。

(7)**日本心霊科学協会**
心霊現象などを科学的に研究するために1946年に創立された財団法人。1923年に浅野和三郎が設立した「心霊科学研究会」を前身とする。

(8)**中岡俊哉**　なかおか・としや　1926―2001
70年代、テレビ番組の司会や少年少女向けの書籍の執筆で活躍、オカルトブームの中心的存在となった。

(9)**三田光一**　みた・こういち　1885―1943
戦前の超能力者の代表的存在。ロケットが月に到達する前の時代に念写したとされる月の裏側の写真が特に有名。

(10)**ジェラール・クロワゼ**（クロワゼット）　1909―1980
オランダ生まれ。警察の犯罪捜査に協力するサイコメトラーとして有名。1976年に来日し、テレビ番組の中で、行方不明の女児の遺体を、警察に先駆けて発見した。

(11)**ピーター・フルコス**　1911―1988
オランダ生まれ。クロワゼ同様、警察の犯罪捜査に協力するサイコメトラーとして有名。

(12)**佐藤永郎**　さとう・ひさお　１９２６―？
18歳から神道系道場に入り、霊能の道を極める。日本のスピリチュアリズムの祖である浅野和三郎の妻・多慶子夫人が信頼を寄せていた霊能者としても知られている。

(13)**フランチェスコ**　１１８２―１２２６
イタリアのフランシスコ会を創設した修道士。聖人のひとり。

(14)**霊界通信**
霊界とのコミュニケーション。霊界の定義は時代によって異なる。

(15)**ハリー・エドワーズ**　１８９３―１９７６
イギリスのスピリチュアル・ヒーラー。英国王室から庶民まで、数多くの人の病気を治療した。

(16)**ソイレント・グリーン**
１９７３年に制作されたアメリカのＳＦ映画。人口増によって食料が貴重品となった世界を描いた。

(17)**本田親徳**　ほんだ・ちかあつ　１８２２―１８８９
明治期の神道家。古代の、人に神を降ろす法の復元を図った。本田霊学を確立、のちの神道系宗教に大きな影響を与えた。

(18)**亀井三郎**　かめい・さぶろう　生年不明―1968
エクトプラズムを流出させるなど、物理霊媒をおこなう能力者として有名。

(19)**山蔭神道**
1954年に山蔭基央《やまかげもとひさ》が設立した神道団体。

(20)**出口王仁三郎**　でぐち・おにさぶろう　1871―1948
大本教を教団として組織化し、確立。教祖・出口なおの死後、教主となった。

(21)**棚橋信元**　たなはし・のぶもと　生没年不明
神道に基づく霊能開発、神占などの研究所「平和教」を興した。

(22)**中野裕道**　なかの・ゆうどう　1915―没年不明
日本神学連盟を興す。『ヨーガ霊動法』を著した。

(23)**友清歓真**　ともきよ・よしざね　1888―1952
大本教に入信後、脱退。新宗教「神道天行居」を創設した。

(24)**宮地神仙道**
宮地常磐《ときは》・水位親子によって起こされた復古神道系の宗教団体。

(25)**五井昌久**　ごい・まさひさ　１９１６―１９８０
宗教法人、白光真宏会《びゃっこうしんこうかい》の開祖。

(26)**モーリス・バーバネル**　１９０２―１９８１
イギリス人。心霊専門新聞の編集者であり、自ら霊媒として、シルバー・バーチという人物の霊と交信、その霊訓がまとめられ、数多く出版された。

(27)**ホワイト・イーグル**
シルバー・バーチと並んで有名な、数々の霊訓を伝える霊的存在。

(28)**シルバーコード**
人間の体と、幽体離脱した魂をつなぐ白銀色のコード（綱）。

(29)**ルルド**
フランス・ピレネー山脈のふもとの町。そこの泉の湧水は不治の病を治すとされる。

(30)**ファティマ**
ポルトガルの町。１９１６―17年にかけ、聖母が出現し、さまざまな予言をおこなった。

●参考文献一覧

『心理療法』井上円了　南江堂書店　明治37年
『精神霊動』桑原俊郎（天然）開発社　明治37年
『家庭に於ける吉凶百談』奥村繁次郎　博文館　明治41年
『観念は生物なり』福来友吉　日本心霊学会　大正14年
『迷信』新城新蔵　興学会出版部　大正14年
『心霊現象の研究』ウイリアム・クルックス　大正15年（日本語版、1980、たま出版）
『神ながらの道』筧克彦　内務省神社局　大正15年
『日本精神の淵源　古事記生命の原理』浅野正恭（和三郎、実兄）心霊科学研究会　昭和11年
『犯罪捜査と第六感の研究』宝来正芳　秀文社　昭和13年
『霊訓集』萩原眞　千鳥会　昭和26年
『教育改造論（心霊の教育と宗教）』小原国芳　玉川学園大学出版部　昭和28年
『巷の神々　霊の神秘解く』石原慎太郎　サンケイ新聞社　昭和42年
『霊能者とその周辺』宇佐美景堂　霊相道実行会　昭和44年
『魂魄　血縁の霊視』湯川康平（千里眼・千鶴子の甥）講談社出版サービスセンター　昭和55年
『機械の中の幽霊』アーサー・ケストラー　新装版　ぺりかん社　昭和59年
『サイの戦場　超心理学論争全史』笠原敏雄　平凡社　昭和62年
『人類新世紀　終局の選択』栗本慎一郎　青春出版社　平成3年

『実在の境界領域―物質界における意識の役割』ロバート・G・ジャン／ブレンダ・J・ダン　技術出版　平成4年
『「超能力」から「能力」へ』村上龍・山岸隆　廣済堂　平成7年
『霊的存在としての人間』五井昌久　白光真宏会出版本部　平成13年
『スウェーデンボルグの「天界と地獄」』高橋和夫　PHP研究所　平成20年
『天界と地獄』エマニュエル・スウェーデンボルグ　宮崎伸治訳　宮帯出版社　平成24年
『〈こっくりさん〉と〈千里眼〉・増補版』一柳廣孝　青弓社　令和3年
『人はなぜ生まれいかに生きるのか〈新装版〉』江原啓之　ホーム社　平成28年
『守護霊』江原啓之　講談社　平成29年
『あなたが危ない――不幸から逃げろ！』江原啓之　ホーム社　令和1年
『アルカナシカ』田口ランディ　角川学芸出版　平成23年
『マアジナル』田口ランディ　角川書店　平成25年
『逆さに吊るされた男』田口ランディ　河出書房新社　令和3年

秋山眞人 あきやま・まこと

1960年、静岡県下田生まれ。大正大学大学院卒。国際気能法研究所所長。画家。大手企業で社員の能力開発や未来予測のプロジェクトにかかわる。音楽、映画などマルチプロデュースを手がける。

田口ランディ たぐち・らんでぃ

1959年、東京都生まれ。作家。小説とノンフィクションを往還しながら、社会問題、人間の心の問題をテーマに幅広い執筆活動を続けている。最新刊は『逆さに吊るされた男』。

江原啓之 えはら・ひろゆき

1964年、東京都生まれ。スピリチュアリスト、オペラ歌手。一般財団法人日本スピリチュアリズム協会代表理事。吉備国際大学、九州保健福祉大学客員教授。第27期燦々ぬまづ大使。最新刊は『家族卒業したら罪ですか?』。

精神世界3・0

二〇二一年七月二〇日　初版印刷
二〇二一年七月三〇日　初版発行

著　者――秋山眞人
田口ランディ
江原啓之

企画・編集――株式会社夢の設計社
東京都新宿区山吹町二六一　郵便番号一六二―〇八〇一
電話（〇三）三二六七―七八五一（編集）

発行者――小野寺優

発行所――株式会社河出書房新社
東京都渋谷区千駄ヶ谷二―三二―二　郵便番号一五一―〇〇五一
電話（〇三）三四〇四―一二〇一（営業）
http://www.kawade.co.jp/

DTP――アルファヴィル

印刷・製本――中央精版印刷株式会社

Printed in Japan ISBN978-4-309-30011-5